101 평화

단어로 논술까지 짜짜짜: 진짜 핵심 진짜 재미 진짜 이해

ⓒ 서의동·이지선 2023

초판 1쇄 2023년 2월 28일

지은이 서의동·이지선

출판책임 박성규
편집주간 선우미정
기획·편집 김혜민
디자인진행 한채린
일러스트 에이욥프로젝트
편집 이동하·이수연
디자인 고유단
마케팅 전병우
멀티미디어 이지윤
경영지원 김은주·나수정
제작관리 구법모
물류관리 엄철용

펴낸이 이정원
펴낸곳 도서출판 들녘
등록일자 1987년 12월 12일
등록번호 10-156
주소 경기도 파주시 회동길 198
전화 031-955-7374 (대표)
031-955-7389 (편집)
팩스 031-955-7393
이메일 dulnyouk@dulnyouk.co.kr

ISBN 979-11-5925-773-5 (43300)
세트 979-11-5925-777-3 (44080)

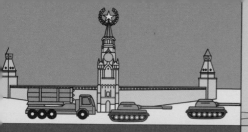

101

단어로

논술까지

짜 짜 짜

평화

서의동·아지선
지음

"전쟁. 이보다 '음악'과 더 상반되는 것이 있을까요? 폐허가 된 도시와 살해된 사람들의 침묵. 우리 아이들은 별똥별이 아니라 떨어지는 로켓을 그립니다. 우리 부모님은 방공호에서 아침에 살아서 깨어났다는 데 기뻐할 뿐입니다. 우리는 사랑하는 사람들과 언제 다시 만날지 모릅니다. 전쟁으로 누가 살아남고, 누가 영원한 침묵 속에 남게 될지 우리는 선택할 수 없으니까요."

화려한 대중음악 시상식에 한 사람이 등장해 묵직한 메시지를 던집니다. 2022년 2월 러시아의 침공으로 시작된 전쟁의 당사국인 우크라이나의 볼로디미르 젤렌스키 대통령. 1년 가까이 벌어지고 있는 전쟁에서 사망한 사람은 약 7,000명, 어쩔 수 없이 고향을 떠난 난민도 800만 명 가까이에 이릅니다. 국제 뉴스를 통해 알고 있는 전쟁 소식이지만, 우리나라에서 약 7,400km 가량 떨어진 곳에서 벌어지는 전쟁에 대한 이야기는 왠지 너무 낯설기만 합니다.

그런데 시간을 조금만 과거로 돌려보면 지금 우리가 살고 있는 바로 이곳에서 더 참혹한 전쟁이 벌어졌습니다. 같은 민족끼리 남북으로 갈라져 서로 총구를 겨눈 비극이었죠. 수백만 명이 죽거나 다쳤고 집을 잃은 채 난민이 되었습니다. 그리고 그 전쟁은 지금도 끝나지 않았지요. 휴전선에서 남북은 무장한 채 서로를 겨누고 있고, 자유롭게 오갈 수도 없어요. 가족과 생이별을 한 사람들은 여전히 가슴 속에 아픔을 묻고 그들을 그리워합니다. 평화는 당연한 게 아니라 자칫하면 깨어질 수 있고, 전쟁과 같은 평화롭지 않은 상황은 언제나, 어디에서나, 누구에게나 일어날 수 있지요.

나머지 세계는 평화로울까요? 꼭 그렇지만은 않습니다. 시리아에서는 10년 넘도록 내전이 벌어지고 있고, 전쟁에 휘말려 고향을 등지고 난민이 된 사람들만 1,000만 명이 넘습니다. 미얀마에선 군이 소수민족인 로힝야족을 탄압하면서 수많은 사람이 희생되었고, 이슬람국가(IS)와 같은 극단주의 무장단체들이 곳곳에서 테러를 벌이고 있지요. 한국과 일본 사이에는 과거사 문제가 여전히 해결되지 않았습니다. 나와 다르다는 이유만으로 차별과 혐오의 폭력이 거침없이 벌어집니다.

이 책에서는 세계와 우리를 둘러싼 평화와 관련된 이슈들을 살펴보고 그 내용을 정리했습니다. 수백 년 전 과거에서 현재에 이르기까지의 수많은 일을 모두 다룰 수는 없기에 특파원 경력을 포함해 오랜 기간 신문사에서 뉴스를 다뤄 온 경험을 바탕으로 우리, 우리와 가까운 이웃, 그리고 세계를 이해하는 데에 도움이 될 만하다고 생각한 주제들을 추려보았습니다. 그중에는 평화로운 시절에 대한 이야기도 있지만, 평화와 반대되는 전쟁이나 폭력, 분쟁 같은 무거운 내용들도 있습니다. 보고, 듣고, 읽기 불편하다고 해서 외면하지 않고, 평화는 무엇이며 평화의 적은 또 무엇인지 분명히 알았으면 하는 마음을 담아 책을 썼습니다.

평화가 무너지면 사람도 사라집니다. 폭력과 분쟁, 갈등과 대립, 증오와 저주가 가득한 세상에서 인권이 보장되고 사랑이 싹트긴 어렵거든요. '음악'이 평화라면 전쟁은 '폐허와 침묵'이고, 그 안에서 사람들은 더는 살아갈 수 없습니다. 이 책이 공기처럼 잘 느끼지 못하는 일상의 평화에 감사할 줄 아는 하루를 보내고, 분쟁과 갈등으로 고통받는 이들에게 평화가 깃들기를 염원하는 마음이 들게 한다면 좋겠습니다.

6자회담

백지장도 맞들면 낫다고?
여섯 나라의 머리를 맞대보자

남북한과 미국, 중국, 러시아, 일본 등 6개국이 참가한 '6자회담'은 2003년부터 2008년까지 이어졌습니다. 북한의 핵 개발 동결과 미국의 대북 지원을 뼈대로 한 제네바 합의Geneva Agreed Framework가 1994년에 이루어지고 8년 후인 2002년, 미국이 북한의 농축우라늄 의혹을 제기하면서 합의는 파기됩니다. 이로 인해 '2차 북핵 위기'가 시작되자 동북아시아의 여러 나라가 이 문제를 해결하기 위해 2003년부터 머리를 맞대고 협상을 벌인 거예요.

6자회담은 당시 조지 부시 미국 대통령이 북한과의 직접 협상을 꺼리면서 만들어진 다자협상 체제였어요. 서로 생각과 이해관계가 다른 6개국이 모여 합의를 이끌어내는 것은 말처럼 쉽지 않았지만, 3년 만인 2005년 9월 극적으로 합의(9·19공동성명)를 만들어냈어요. '9·19 공동성명'은 북한이 핵을 포기하는 대가로 체제안전을 보장해주고 경제와 에너지를 지원해주는 것이 주요 내용이에요.

기본 구조는 제네바 합의와 비슷해 보입니다. 그런데 이 합의가 나온 직후, 북한이 달러를 위조하고 돈세탁을 했다는 의혹을 미국 재무부가 제기하면서 마카오에 있는 방코델타아시아BDA은행의 북한 계좌를 동결시켜요. 9·19 합의로 북핵문제 해결의 실마리가 마련되는 분위기에 급브레이크가 걸린 셈이죠. 그러자 북한은 강력하게 반발하면서 핵 활동을 재개했고 1년 뒤인 2006년 10월 1차 핵실험을 강행했어요. 의혹은 사실로 확인되지 않았고 미국은 계좌에 묶여 있던 돈을 북한에 돌려주게 됩니다.

긴장이 가라앉으면서 6자회담은 2007년 9·19 공동성명의 이행을 다짐하는 2·13 합의를 이끌어내요. 그러나 그 뒤로도 북핵문제는 우여곡절을 겪으면서 해결되지 못한 채 지금까지 동북아시아의 미해결 과제로 남게 되었어요.

6자회담은 실패로 끝났지만 의미가 없진 않아요. 6자회담은 한반도는 물론 동북아 질서에 영향을 미치는 안보문제를 다자적인 틀에서 해결하려는 최초의 시도였기 때문이에요. 유럽이나 여타 지역과 달리 여러 나라가 협력해 문제를 풀려는 노력이 없었던 동북아시아에서 6자회담은 소중한 경험이 되었습니다.

Q #남한 #북한 #미국 #중국 #러시아 #일본 #6개국 #북핵 #동북아_질서 #안보문제 #다자회담

9·11테러
복수극으로는
테러를 끝낼 수 없어

2001년 9월 11일 오전, 미국 뉴욕의 세계무역센터WTC 쌍둥이 빌딩에 여객기 2대가 돌진해 충돌합니다. 충돌 직후 화염과 검은 연기가 치솟았고, 두 시간도 지나지 않아 110층 건물 두 개 동이 무너져 내렸습니다. 이날 테러로 2,977명이 사망했습니다. 또 다른 비행기 1대는 미국 수도 워싱턴 D.C.의 펜타곤이라 불리는 국방부 청사를 공격했어요. 공격에 동원된 여객기들은 미 동부 상공을 비행하던 중 테러범에 의해 납치된 상태였습니다.

9·11 테러는 '알카에다alQaeda'라는 테러조직이 일으켰습니다. 알카에다는 사우디아라비아 출신의 오사마 빈 라덴이 만든 이슬람 극단주의 무장세력입니다. 이들은 미국 주도의 기독교 유대인 동맹이 이슬람을 파괴하고 있다면서 이슬람의 율법인 샤리아가 지배하는 세상을 만들어야 한다고 주장합니다.

당시의 국제정세도 함께 살펴볼 필요가 있어요. 미국은 1990

년 이라크와 전쟁을 벌였고, 이를 빌미로 이슬람 종주국인 사우디아라비아에 군을 파병합니다. 이로 인해 많은 무슬림이 미국에 반감을 갖습니다. 9·11 테러에 분노한 미국은 '테러와의 전쟁'을 선포했어요. 오사마 빈라덴과 알카에다 지도부를 잡겠다며 2001년 10월 아프가니스탄을 침공합니다. 아프간 전쟁에 이어 2003년에는 이라크를 침공했어요. 이라크와 알카에다의 연관성을 찾아내지 못하자 사담 후세인 정권이 핵무기를 개발하려 한다는 이유를 내세웁니다. '독재정권을 끝내고 이라크에 민주주의를 심겠다'라고도 했어요. 하지만 미국이 이라크를 침공한 것은 이라크의 석유자원을 장악하기 위해서였다는 비판도 있습니다.

테러와의 전쟁, 그 결말은 어땠을까요? 빈 라덴은 2011년 파키스탄에 숨어 있다가 미군 특수부대에 의해 사살됩니다. 게다가 이슬람국가IS 같은 극단적인 무장단체들이 새로 등장했지요. 이라크는 한동안 내전의 수렁에 빠졌고, IS가 테러를 일삼으면서 중동과 유럽은 공포에 떨어야 했어요.

결국 미군은 2021년 아프간에서 아무것도 얻지 못한 채 철군합니다. 미국이 2001년 전쟁에서 쫓아낸 탈레반은 아프간을 다시 장악했어요. '피를 피로 씻는' 복수극으로는 결코 테러를 근절할 수 없습니다.

Q #미국 #뉴욕 #세계무역센터 #쌍둥이_빌딩 #펜타곤 #알카에다 #빈_라덴 #테러와의_전쟁

강제동원

죽을 고비를 넘어 귀향까지,
한국과 일본 사이 풀어야 할 과거사

'한일 간에 풀지 못한 과거사 쟁점' 하면 무엇이 떠오르나요? 일본군 위안부 문제와 강제동원 문제 두 가지를 꼽을 수 있습니다. 여기서는 강제동원에 관한 이야기를 먼저 살펴볼게요.

일본은 1930년대부터 2차 세계대전에 걸쳐 중국과 아시아 여러 나라를 침략했어요. 전쟁 수행을 위해 본국은 물론 식민지와 점령지를 대상으로 사람과 물자, 자금을 동원합니다.

1938년에 '국가총동원법'을 만든 뒤 조선인들을 끌고 가 탄광에서 강제노역을 시키거나 군에 속해 동남아나 남양 군도 지역의 군사기지 건설, 철도 공사에 동원했어요. 한국 국가기록원이 2003년 작성한 강제동원 피해 명부를 보면 지금도 118만 명의 인적사항을 확인할 수 있어요. 오디오북으로 나온 〈사지를 넘어 귀향까지〉라는 체험수기를 쓴 이상업 할아버지의 경우, 1943년 16세 나이에 일본 후쿠오카현 가미야마다[上山田]탄광에 끌려가 지하 1,500m 막장(광산의 끝부분)에서 하루 15시간씩 중노동에 시달렸다고 해요.

1965년 6월 22일 한국과 일본은 한일기본조약을 맺음으로써 국교를 정상화합니다. 이때 함께 체결한 것이 '청구권 협정'이에요. 일본은 한국에 5억 달러(3억 달러는 무상, 2억 달러는 차관)를 지원하는 대신, 한국은 대일 청구권을 포기하는 내용이에요. 한마디로 5억 달러를 줄 테니 식민지배 때의 잘못을 문제 삼지 말라는 내용이었어요. 경제개발 자금이 필요했던 박정희 정부는 이를 받아들였어요.

그러나 청구권 협정에는 일본의 불법 식민지배 및 침략전쟁 수행과 직결된 반인도적 불법행위에 대한 배상 문제는 포함되어 있지 않았어요. 왜냐면 일본은 식민지배에 대한 법적 책임을 인정하지 않았기 때문에 이런 내용을 담을 수 없었던 겁니다.

이 허점을 한국의 대법원이 2018년 10월 지적하며, 일본 기업이 강제동원 한국인 피해자에게 배상하라는 판결을 내립니다. 일본은 이 판결을 받아들이지 않았고 2019년 7월에는 한국으로 가는 수출품을 규제하는 무리한 보복조치를 하기도 했어요. 이 문제는 식민지배를 보는 양국의 시각이 워낙 다르기 때문에 쉽게 풀리지 않고 있습니다.

Q #한일 #과거사 #위안부 #일본군 #식민지 #국가총동원법 #강제노역 #광산 #반인도적_불법행위

개마고원

미국과 중국이 한판 대결을 벌인 한반도의 무대

2018년 4월 판문점에서 열린 남북정상회담을 기억하나요? 북한의 김정은 국무위원장과 만난 자리에서 문재인 대통령은 "백두산과 개마고원을 트래킹하는 게 꿈"이라고 말했어요.

학교 지리수업 등을 통해 개마고원을 어렴풋이 들어본 적이 있을 거예요. 고원高原은 해발고도가 높으면서 꼭대기가 넓고 평탄하게 형성된 지형을 말합니다. 개마고원은 북한의 자강도와 양강도, 함경남도에 걸쳐 있고 면적이 4만km²에 달하는 광활한 지역이에요. 대략 강원도와 경상북도, 충청북도를 합한 정도의 넓은 지역이 평균 1,500m의 높이로 펼쳐져 있는 셈이에요. 대관령 일대의 태백고원은 남한의 대표적인 고원인데요, 개마고원은 태백고원보다 8배가량 넓으니 엄청나죠.

개마고원은 겨울철 기온이 영하 40도까지 내려갈 만큼 춥고 땅이 척박해 사람들이 살기에 적합하지 않아요. 대신 불곰, 너구리, 수달, 멧돼지, 산양, 고슴도치, 늑대, 스라소니 같은 야생동물

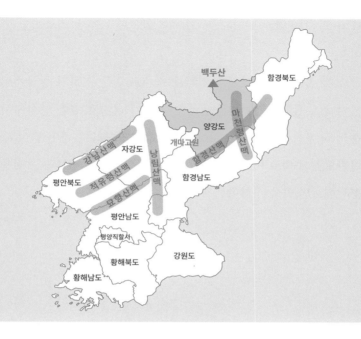

이 많다고 해요. 표범과 시베리아호랑이도 간혹 모습을 드러낸다
고 하니 트래킹하려면 단단히 준비해야 할 것 같네요.

개마고원 남쪽에는 장진강 물줄기를 막아 만든 장진호長津湖
라는 인공호수가 있어요. 우리에겐 낯선 곳이지만, 의외로 미군
들에게는 아주 유명한 곳입니다. 한국전쟁에 참전한 미군 해병대
가 중국군과 격전을 벌였던 곳이거든요. 전투가 벌어지던 1950년
11월 중순에는 기온이 영하 37도까지 내려가는 바람에 배터리가
얼어붙어 자동차가 움직이지 못했고, 기관총도 얼어붙어 작동하
지 않았다고 해요. 천신만고 끝에 주력부대가 함흥으로 철수하긴

했지만, 미 해병대 역사상 이 격전은 최악의 전투로 기록되고 있어요.

2021년 중국이 장진호 전투를 소재로 만든 영화가 중국에서 크게 히트했어요. 미국과 중국 간 갈등이 커지고 있는 상황에서 중국 국민의 애국심을 고취시키기 위한 영화라는 평이 많아요. 한반도를 무대로 미국과 중국이 한판 대결을 벌인 전투라는 점을 생각해보면 마음이 착잡해지네요.

#남북정상회담 #판문점 #태백 #백두산 #고원 #해발고도 #장진호_전투 #인공호수 #격전

개성공단
경제 협력과 긴장 완화로
날마다 작은 통일이 이뤄지던 현장

북한의 개성이 고려시대 수도였다는 사실을 알고 있나요? 개성은 해방 직후 남한에 속해 있다가 1950년 한국전쟁을 거치면서 북한으로 넘어간 곳이에요. 전쟁 초기 북한군 6사단이 개성으로 밀고 내려와 김포를 거쳐 영등포까지 진격했어요. 개성은 이처럼 서울로 진격하는 최단 경로에 위치해 있는 군사전략 요충지였어요. 전쟁 한 해 전인 1949년 여름에도 남북이 개성 송악산을 차지하기 위해 수천 명이 전투를 벌일 정도였어요.

김대중 대통령 시절인 2000년, 남북 간 화해 분위기가 무르익으면서 개성에 공업단지를 짓기로 해요. 북한으로 치면 최전방인 개성에 공단을 짓기 위해 북한군 2개 사단이 자리를 내주고 북쪽으로 물러났습니다. 휴전선이 10~15km 위쪽으로 올라간 효과가 생긴 것이죠. 혹시 모를 북한군의 진격을 공단이 막는 셈이니 그만큼 서울이 더 안전해졌습니다. 개성공단은 남북 간의 경제협력뿐 아니라 긴장완화의 1석 2조 효과가 있었던 셈입니다.

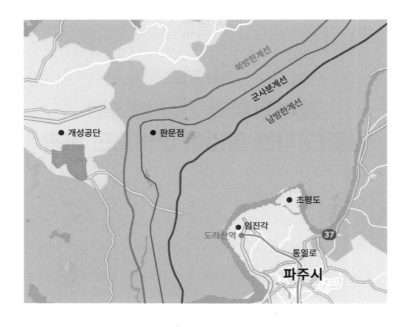

　　개성공단은 한국에서 경쟁력을 잃어가던 봉제, 의류 등의 업종들이 소생할 수 있는 발판이 되었습니다. 개성공단에 입주한 124개 기업은 중국, 베트남보다 인건비는 낮지만 교육수준이 높고 말도 통하는 북한 노동자들의 덕을 톡톡히 봤다고 합니다.

　　남북이 함께 힘을 합쳐 일하는 개성공단은 '날마다 작은 통일이 이뤄지는 현장'이었다고 해요. 처음엔 반바지 차림의 한국 남자들을 '상스럽다'고 하던, 머리를 염색한 주재원에게 "미친 거 아니냐"던 북한 사람들이 어느새 슬쩍 머리를 염색하기 시작했다고 해요. 분단된 세월이 워낙 긴 탓에 초기에는 오해와 갈등도 많았지만 점차 서로를 이해하게 되면서 하나가 되어간 것이죠.

개성공단은 2016년 2월 10일 폐쇄됩니다. 가동된 지 12년 만에 일어난 일이에요. 북한의 핵실험과 미사일 발사를 이유로 박근혜 정부가 가동 중단 조치를 한 것입니다. 남북 간의 긴장이 높아질수록 이런 예외적인 공간이 더 필요한 법인데, 참으로 안타까운 일이에요.

개성공단에서 일하던 북한 노동자들은 지금 어디서 무엇을 하고 있을지 궁금합니다.

Q #고려_수도 #군사전략_요충지 #공업단지 #최전방 #경제협력 #긴장완화 #작은_통일의_현장

게임체인저
변화를 일으켜
세상의 판도를 바꾸다

"'게임 체인저' 될 줄 알았던 그 물건들, 지금은 어디로?" "먹는
치료제 본격 도입…오미크론 대확산 속 '게임 체인저' 될까"

신문 기사 제목들인데, '게임 체인저'란 표현이 눈에 띄네요.
게임 체인저Game Changer는 말 그대로 거대한 변화를 일으켜 게임
의 판도를 바꿔 놓을 수 있는 물건이나 사건, 인물을 말합니다. 경
제, 경영 분야에서는 기존 시장 질서를 뒤엎을 정도의 혁신적인
아이디어를 가진 사람이나 기업을 가리켜요.

애플의 아이폰을 볼까요? 아이폰은 iOS라는 자신만의 운영
체제를 갖고 있고 다양한 어플리케이션을 다운받을 수 있는 앱
스토어를 운영했어요. 음악을 들을 수 있는 플레이어 역할까지
휴대폰이 하게 되면서 음악 산업 판도에도 큰 영향을 미쳤지요.
아이폰이나 애플을 이끈 스티브 잡스를 게임 체인저라고 할 수
있습니다. 과학기술 분야에서는 양자 컴퓨터 기술이 경제·산업
과 국가안보 체계를 뒤흔들 게임 체인저로 주목받고 있어요.

안보·군사에서 게임 체인저는 상대 진영을 압도할 수 있는 무기 또는 전략을 가리킵니다. 음속(시속 1,224km)보다 5배 이상 빠른 속도로 움직이는 극초음속미사일을 예로 들 수 있어요. 이 미사일은 정해진 궤도가 아니라 요리조리 움직이는 변칙기동을 하기 때문에 현존의 미사일 방어 시스템으로는 막을 수 없어요.

러시아와 우크라이나 전쟁에서 미국이 우크라이나에 제공한 '고속 기동 포병 로켓시스템(HIMARS, 하이마스)'도 게임 체인저로 꼽힙니다. 최대 시속 85km의 6륜 구동 장갑차에 로켓 발사대를 얹은 무기인데, 상대방을 타격하고 빠르게 다른 곳으로 옮겨갈 수 있다고 합니다.

하지만 군사 분야의 게임 체인저들로 인해 또 얼마나 많은 사람이 죽어갈까 생각하니 마음이 불편해지기도 하네요. 이런 첨단 무기들이 필요 없는 세상이 오긴 할까요?

#게임의_판도를_바꾸죠 #시장_질서 #안보 #군사 #방어 #시스템 #첨단무기 #타격 #피해

겨레말큰사전
남북의 말과 글을
함께 모아보자

'즉석국수' '가락지빵' '먹물안경' '짬수' '덜기'. 이런 말들을 한 번이라도 써봤거나 들어본 적이 있나요? 사실 일상생활에서 쉽게 접하거나 쓰는 말이 아니긴 하죠. 그럼 이건 어때요? '라면' '도넛' '선글라스' '눈치' '빼기'. 앞의 북한 말들을 우리가 평소 쓰는 말로 바꾼 거예요. 어떤가요? 분명히 한글이고, 다 읽을 수 있는데 자주 쓰지도 않고, 뜻도 잘 알기 어렵지 않나요? 남북의 언어가 이렇게 소통하기 어려울 정도로 달라졌어요. 같은 단어인데 용법이 아예 다른 말도 있어요. 오징어를 북한에서는 '낙지'라고 부른대요. 남한의 '낙지'에 해당하는 해양동물을 북한에서는 '서해낙지'라고 불러요.

비록 따로 떨어져 살고 있지만 대대로 함께 써온 말들을 남북이 함께 모아보자는 취지의 사업이 있었습니다. 『겨레말큰사전』만들기예요. 영화 〈말모이〉는 일제 강점기하에 점점 사라지는 조선의 말과 글을 모으고 찾아 사전을 만들려는 조선어학회의 활동을 그렸어요. 민족의 정신을 담고 표현하는 그릇이자 소통 수단인 말과 글을 어떻게든 지켜야 한다는 일념으로 일제의 탄압에도 불구하고 사전을 만들었던 것이죠. 수십 년 동안 떨어져 살아온 남북이 함께 단어를 모으고, 풀이를 달고, 사전을 만드는 작업도 일제강점기의 '말모이' 편찬만큼이나 의미가 큰 작업입니다.

2005년 남북의 사전 편찬위원들이 금강산에서 결성식을 개최하면서 편찬위원회가 만들어졌고, 그해 남북장관급회담에서 사업 지원방침이 합의되었어요. 2007년에는 관련법에 의해 지원받는 최초의 민간교류사업이 되었습니다. 2015년까지 약 30만 개 단어를 선정해 그중 8만 4천여 개를 집필했어요. 사전에 어떤 어휘를 올리고, 어떤 규칙을 쓰고, 어떻게 표기할지 등 협의할 사항이 많아 그간 남북이 수십여 차례 실무회의를 열었어요.

『겨레말큰사전』 편찬사업은 2015년 이후 멈춘 상태입니다. 남북 관계 상태가 사업에 미치는 영향이 절대적인 데다, 예산과 인력도 만만치 않아 사업의 지속 가능성이 불투명하다는 의문도 많아요. 일제의 탄압도 견뎌냈던 사전편찬이 중단된 현실이 너무나 안타깝네요.

🔍 #남한 #북한 #남북의_언어 #말모이 #겨레말 #조선어학회 #편찬 #민간교류사업 #민족의_정신

고난의 행군

추위와 굶주림 속 강행군은
언제까지 계속될까?

평양 지하철이 서울 지하철보다 먼저 생겼다는 사실 알고 있나
요? 평양 지하철 '천리마선'은 1973년 9월에 개통되었어요. 서울
지하철 1호선이 1974년 8월에 개통되었으니 약 1년 앞선 셈이죠.
평양에 취재하러 갔을 때 지하철을 타본 적이 있는데, 타일로 제
작된 벽화들 때문에 플랫폼이 마치 미술관처럼 느껴졌어요. 지금
이야 남북의 경제력 격차가 비교할 수 없을 정도로 크지만, 1970
년대 초까지 북한은 그럭저럭 살 만한 나라였다고 해요.

　하지만 남북 대결 문제로 많은 자원을 군사부문에 투자하다
보니 경제에 주름이 깊어지기 시작합니다. 1980년대 말부터 소련
과 동유럽 국가들로 구성된 사회주의 진영이 무너지기 시작해요.
미국을 중심으로 하는 자본주의, 소련을 축으로 하는 사회주의
진영이 대결해온 '냉전체제'가 해체되자 북한은 경제위기를 맞

게 됩니다. 석유 등 원자재나 상품을 싸게 거래하는 사회주의 국가들 간의 거래 관행이 사라졌기 때문이죠. 석유 공급이 끊기자 공장도 돌릴 수 없고 비료도 만들 수 없게 됐어요. 1990년대 중반에는 북한 정권을 세우고 50년가량 지배해온 김일성 주석이 사망하면서 구심점이 사라졌어요. 설상가상으로 홍수와 가뭄이 겹치면서 사회·경제 기반이 뿌리째 흔들리게 됩니다. 북한 사람들이 '고난의 행군'이라고 부르는 시기가 이 무렵이에요.

본래 고난의 행군은 김일성 주석이 일제 강점기 항일유격대 활동을 벌이다 일본군의 토벌 작전을 피해 100일가량 만주에서 혹한과 굶주림 속에 강행군하던 것을 가리킨다고 해요.

북한에서 많은 사람이 굶어 죽고 있다는 비극이 세상에 알려지면서, 국제사회는 1990년대 후반부터 구호활동을 벌이기 시작해요. 한국에서도 정부와 민간단체가 북한에 식량을 보냈습니다. 당시 사람들이 나무뿌리에 있는 이탄(석탄의 전 단계)을 캐내 옥수수와 섞어 끓여 먹을 정도로 상황이 힘들었다고 해요. 고난의 행군을 거치면서 북한은 크게 달라졌어요. '장마당'이라고 불리는 시장이 생겨나고 '돈주'라는 기업가가 등장합니다. 장마당과 돈주는 뒤에서 살펴볼게요.

 1930년대 이후 일제에 저항하는 다양한 무장활동이 벌어집니다. 항일운동은 중국에서도 이어졌어요. 중국 공산당 중앙위원회의 지시로 만주 일대에서 활동하던 반일유격대, 항일구국유격군, 수녕반일동맹군 등 비정규 세력을 항일유격대라고 불러요.

공중폭격
인류의 발명에서
파괴의 참상으로

현대 미술의 거장 파블로 피카소(1881~1973)의 작품 중에 전쟁의 참상을 형상화한 〈게르니카〉가 있습니다. 게르니카는 스페인 북부 바스크 지방의 작은 마을이에요. 스페인 내전이 한창이던 1937년 4월, 나치 독일의 폭격기가 게르니카 마을을 무차별 폭격해 주민 3분의 1인 2천 명이 숨지는 참극이 발생했어요. 폭격의 이유는 어처구니없게도 독일이 개발한 폭탄과 전투기의 성능시험이었다고 해요. 피카소는 이 천인공노할 만행에 분노해 대작을 완성합니다.

　1903년 라이트 형제가 최초의 동력비행에 성공한 지 채 10년도 되지 않아 비행기는 대량살상에 동원됩니다. 1911년에 이탈리아가 튀르키예(당시 오스만제국)와 전쟁하던 중 비행기로 리비아에 폭탄을 떨어뜨린 것이 공중폭격의 시초였어요.

　무차별 공중폭격은 2차 세계대전에서 본격화되었습니다. 독일과 연합군이 상대지역의 주요 도시들에 대규모 폭격을 퍼부어

⬆ 게르니카, 파블로 피카소, 1937년, 349x776.6cm, 레이나 소피아 국립미술관 소장

네덜란드 로테르담, 독일 함부르크·드레스덴 등이 잿더미가 되었어요. 중국 충칭, 일본 도쿄도 대규모 공습 피해를 입었습니다. 폭발하면서 엄청난 화재를 일으키는 소이탄이 대량 투하되었고 그 불바다 속에서 여성, 어린이, 노인이 숱하게 목숨을 잃었습니다.

공중폭격의 절정은 일본 히로시마나가사키에 투하된 원자폭탄이었어요. 히로시마는 폭탄 한 발에 14만 명이 희생된 지역입니다. 히로시마에 있는 평화기념관은 당시 유일하게 남은 건물이에요. 평화기념관에는 폭발 직후의 모습이 온전히 보전되어 있어요. 인류가 만들어낸 가장 파괴적인 무기가 초래한 참상을 생생하게 볼 수 있습니다. 한국전쟁에서도 2차 세계대전 못지않게 공중폭격이 극심했어요. 한 연구에 따르면 북한 지역에서 3년간 하루 평균 250명씩 28만 2천 명의 북한 주민이 숨졌다고 합니다.

무차별 폭격에 대한 비판이 일자 2000년대 이후 전쟁에서 각국이 '정밀폭격'을 하고 있다고 주장합니다. 그러나 실은 절반이 목표를 벗어난 무차별 폭격과 다를 게 없다고 해요. 무고한 민간인들이 희생되더라도 '부수적 피해'라며 어물쩍 넘어가는 태도도 문제예요. 공중폭격은 제노사이드(대량학살)를 초래하는 반인도적 범죄임을 알아야 합니다.

Q   #전쟁의_참상 #폭격 #대량살상 #히로시마 #나가사키 #원자폭탄 #정밀폭격 #제노사이드

광복군
조국 해방을 위해 나선 사람들

국군의 날은 10월 1일입니다. 육군, 해군, 공군 따로 나눠져 있던 기념일을 하나로 통합한 1956년부터 국군의 날이 정해졌어요. 그런데 국군의 날을 9월 17일로 바꾸자는 주장이 나온 적이 있습니다. 이날은 일제 강점기 대한민국 임시정부의 한국광복군(광복군)이 창설된 날이거든요. 대한민국의 법통이 임시정부에 있다고 한 헌법 정신을 따르면, 국군의 모체인 광복군의 창설일을 기릴 필요가 있다는 것입니다.

3·1 운동 직후인 1919년 4월 11일 중국 상하이에서 출범한 임시정부는 처음부터 군대를 만들 생각이었습니다. 그러나 자금과 인력이 부족해 간부를 교육하는 정도가 고작이었어요.

그러다 일본이 한창 중국 대륙을 침략하던 무렵인 1940년, 중국의 임시수도인 충칭重慶에서 광복군을 창설해요. 선언문에는 "한·중 두 나라의 독립을 회복하고자 공동의 적인 일본제국주의를 타도하며 연합군의 일원으로 항전할 것을 목적으로 한다"

고 되어 있습니다. 중국 각지에서 활동하던 독립군 부대, 김원봉이 이끌던 조선의용대도 광복군에 합류했어요.

2차 세계대전의 전선이 아시아로 확대되자 임시정부는 일본에 전면전을 선포합니다. 연합군은 지역 정세에 밝고 일본어를 할 줄 아는 광복군과의 협력을 원했어요. 1943년에는 광복군 소속의 인면전구공작대가 인도와 미얀마 전선에서 영국과 공동작전을 펼쳤어요. 또 영국 특수작전집행부SOE의 인도지구전시선전대IFBU에 배치되어 인도 마니푸르주州 임팔 전선에서 활약했죠. 1944년부터 미군전략정보처OSS와 국내진공작전인 '독수리작전'을 추진하기로 하고 합동훈련을 벌였습니다. 하지만 1945년 원폭 투하로 일본이 서둘러 항복하면서 작전은 실행되지 못했습니다.

스스로 독립을 쟁취할 기회를 잃어버리면서 한국의 해방은 연합군에 의해 이뤄지게 되었죠. 한국광복군은 해방 뒤 '군대'의 자격으로도 귀국하지 못합니다. 미군정이 임시정부와 광복군을 인정하지 않았기 때문이에요. 여러모로 아쉬움이 크지만 조국 해방을 위해 총을 들고 전장으로 나간 광복군의 정신을 높이 기려야겠습니다.

🔍 #국군 #육군 #해군 #공군 #임시정부 #독립 #연합군 #항전 #조선의용대 #조국_해방

011

국제원자력기구(IAEA)
원자력을 평화적으로 이용하자

2차 세계대전 일본 히로시마와 나가사키에 원자폭탄이 투하되고, 냉전시대 각국이 핵무장 경쟁에 돌입하면서 핵 공포가 세계를 휩쓸었어요. 이런 상황에서 1953년 당시 미국 드와이트 아이젠하워 대통령이 유엔 총회에서 '원자력을 평화적으로 이용하자'고 제안합니다.

제안의 핵심 중 하나는 핵분열 물질을 유엔 산하의 국제기구를 통해 감시하고 통제하자는 것이었죠. 이에 따라 1957년 국제원자력기구International Atomic Energy Agency, IAEA가 출범했어요.

IAEA는 원자력발전 등 원자력의 평화적 이용에 관한 기술협력이나 지원을 제공하는 한편, 핵이 군사 목적으로 쓰이지 않게 감독하는 역할을 해요. 핵물질이나 장비, 시설이 핵무기 등을 만드는 데에 전용專用되는지 검증하는 IAEA의 활동을 '안전조치'라고 불러요.

핵확산을 막기 위한 국제조약인 핵확산금지조약Non Proliferation

Treaty, NPT이 유지되도록 IAEA는 중요한 역할을 합니다. NPT에서 핵을 보유하지 않은 국가는 핵무기를 제조하거나 획득하지 않기로, 핵보유국은 비보유국에 핵무기나 관련 기술을 지원하지 않기로 약속했습니다. 이 약속이 잘 지켜지고 있는지를 검증하고 확인하는 책임을 위임받은 기구가 IAEA거든요. NPT가입 국가라면 IAEA의 사찰단을 수용하고, 이들의 활동을 보장해야 합니다. 핵확산금지조약에 대해서는 뒤에서 자세히 살펴볼게요.

북한이 1992~1993년 IAEA의 사찰 요구에 응하지 않고 탈퇴 의사를 밝히면서 '북핵 위기'가 발생한 것은 다른 장에서 자세히 살펴볼 거예요. 1994년 북한이 핵활동을 멈추는 대가로 미국이 원자로를 제공하겠다는 제네바 합의가 이뤄지자 IAEA 사찰관들이 북한에 상주하며 감시활동을 벌인 적이 있어요. 하지만 북한은 2003년 1월에 또다시 NPT 탈퇴를 선언했어요.

북한뿐만 아니라 이란 핵 개발 사태에서 보듯 수용국의 동의 없이는 IAEA의 검증 활동에 제한이 있을 뿐 아니라 별달리 제재할 방법이 없다는 게 한계로 꼽힙니다. 이미 핵무기를 보유한 국가들이 기구 설립 과정부터 큰 영향력을 행사해왔다는 점이 지적되기도 해요.

🔍 #핵_공포 #아이젠하워 #원자력 #핵무장_경쟁 #안전조치 #핵확산금지조약 #핵보유국

012

군비축소
인류의 공멸, 지구의 종말로 가는 시계 바늘이 움직이지 않도록

대부분의 국가는 안전을 지키기 위해 필요한 인력과 장비를 보유하려고 합니다. 외국의 침략을 물리칠 수 있는 국방력을 갖는 것은 독립을 유지하는 데에 불가피해요. 이에 필요한 군사시설과 장비, 병력을 '군비軍備'라고 합니다. 그렇다면 군비축소 disarmament, 줄여서 군축은 말 그대로 군사력을 유지하기 위한 시설과 장비, 병력 등을 줄이는 것을 의미합니다.

2차 세계대전이 끝난 뒤 얼마 되지 않아 시작된 냉전체제하에서 각국은 치열한 군비 경쟁을 벌였어요. 하지만 막대한 돈이 들어갔고, 군비경쟁이 전쟁위험을 오히려 키웠습니다. 핵무기 경쟁이 심화되면서 인류가 공멸할지도 모른다는 두려움도 커졌어요.

군축 협상의 핵심이 핵무기에 집중된 것도 이런 이유였어요. 미국과 소련은 1960년대 말부터 전략무기감축협상Strategic Arms Limitation Talks, SALT을 비롯해 핵확산을 막기 위한 군축 협상을 벌여왔어요. 또 1968년 핵확산금지조약에 이어 1996년에는 포괄적핵실험금지조약Comprehensive Nuclear Test Ban Treaty, CTBT도 체결되죠.

이렇게 노력했지만 군비 지출이 줄어들지는 않았습니다. 스톡홀름 국제평화연구소SIPRI에 따르면 2021년 군사비는 역대 최고치인 2조 1,130억 달러(약 2,660조 원)를 기록했어요. 군비 지출 1위인 미국의 군사비는 전 세계 군사비의 38%에 달했고요, 다음으로 중국, 인도, 영국, 러시아 순이었습니다. 한국은 10위였어요.

전문가들은 2022년 러시아와 우크라이나 전쟁으로 그간 줄여왔던 핵무기가 더 늘어날 것으로 예상합니다. 러시아가 우크라이나를 침공하고, 서방국가들이 우크라이나를 지원하면서 핵보유국가들 간의 긴장이 커지고 있기 때문이에요.

핵무기의 위험성을 알리려는 취지로 1945년 결성된 핵과학자회는 지구의 종말을 자정으로 놓고, 매년 시계 바늘이 몇 시를 가리키는지를 발표하고 있어요. 2022년 1월의 시계 바늘은 자정 100초 전인 오후 11시 58분 20초였어요. 핵 위협은 지금까지도 기후위기와 함께 지구가 파멸할 이유로 꼽히고 있습니다.

#국방력 #독립_유지 #군사시설 #장비 #병력 #군축 #군비_경쟁 #전쟁_위험 #핵_위협

013

군산복합체
지금도 유효한
아이젠하워의 경고

슈퍼히어로들의 세상, 마블 유니버스를 좋아하시나요? 인기 있는 여러 캐릭터를 창조해 '마블의 아버지'라고 불리는 만화가 스탠 리Stan Lee가 돈 많고 노련한 무기 거래업자를 슈퍼히어로로 만들었어요.

바로, '아이언 맨'입니다. 억만장자에 기업가로 남부러울 것 없는 인물인 '아이언 맨'은 세계를 위해 희생하죠. 이 아이언 맨 캐릭터를 창조하는 데 영감을 준 것이 미국 드와이트 아이젠하워 대통령의 1961년 퇴임연설이었다고 해요.

아이젠하워는 2차 세계대전을 승리를 이끈 연합군 최고사령관을 지낸 군인 출신으로 1953년부터 1961년까지 대통령을 맡았습니다. 그런데 그의 퇴임 연설은 뜻밖이었어요. 미국의 군사력이 세계 평화와 인류 발전에 긍정적인 영향을 미쳤다는 점을 인정하면서도 "방대한 군사체계와 대규모 방위산업이 결합"된 '군산복합체軍産複合體, military-industrial Complex'의 위험을 지적했기 때문이죠. 아이젠하워는 "군산복합체의 부당한 영향력 행사를 경계해야 한다"면서 "군과 산업의 결합이 자유나 민주적 절차를 위협하도록 놔두면 안 된다"고 했어요.

미국에서는 2차 세계대전 당시 막대한 양의 무기와 군수품이 필요했고, 이를 공급하는 군수산업이 비대해진 상태였어요. 군수 기업과 정부, 군이 서로 의존하며 이익을 챙기는 체제를 '군산복합체'라고 해요. 냉전시대에 접어들면서 군비경쟁이 치열하게 펼쳐졌고 군산복합체의 영향력도 덩달아 커졌어요.

미국의 방위산업체와 군부, 정계는 인맥과 자본으로 끈끈히 얽혀 있다고 해요. 국방부 관료가 방산업체의 고문, 임원 등으로 취업한 뒤 정책에 기업의 이익을 반영하기 위해 로비를 벌이는 사례가 많았죠. 이를 통해 거대 방산업체들이 미국의 방위정책에 간여한다는 비판이 이어졌어요. 냉전이 끝난 뒤에도 세계 여러 곳에서 전쟁이 끊이지 않는 이유가 군산복합체의 이익을 지탱하기 위해서라는 비판도 나오는 실정이에요.

군산복합체를 경계해야 한다는 아이젠하워의 경고는 60년이 지난 지금도 여전히 유효합니다.

🔍 #아이젠하워 #2차_세계대전 #군사체계 #방위산업 #결합 #방산업체 #방위정책 #전쟁 #이익

014

그린데탕트
협력을 통해
생태환경 분야의 긴장을 완화해요

2022년 여름 서울에 많은 비가 내려 강남역 일대가 침수되었어요. 이산화탄소 배출이 늘어나면서 발생한 기후변화로 태풍이 더 강해질 거라고 해요. 지금은 기후변화climate change가 아니라 기후위기climate crisis라는 말이 더 많이 쓰여요. 많은 나라가 기후위기의 주범인 탄소의 배출량을 줄이기 위해 석탄화력발전소를 없애고, 가솔린·경유차를 전기차로 바꾸는 대책을 세워 실행하고 있어요.

그런데 군사활동이나 전쟁에서 엄청난 온실가스가 나온다는 걸 알고 있나요? 평화네트워크 정욱식 대표가 군사훈련에서 발생하는 탄소 배출량을 계산해봤어요. 2021년 11월 1일부터 5일까지 한국과 미국이 연합 공중훈련을 실시했는데요. 훈련에 참가한 군용기 200여 대가 한반도 상공에 내뿜은 온실가스 양을 계산하니 1,700대의 차량이 1년간 내뿜는 탄소량과 맞먹었어요. 이 이산화탄소를 흡수하려면 약 45만 그루의 소나무를 심어야 한다는 계산이 나온다고 해요.

군사활동이 이렇게 막대한 탄소를 배출하지만 놀랍게도 국제사회는 방지 노력을 기울이지 않고 있어요. 이런 식이라면 기후위기 대응은 '밑 빠진 독에 물 붓기'가 되고 말아요. 각국이 군사활동을 늘리게 되면 기후위기 대처에 필요한 자원이 낭비될 뿐더러 기후 협력마저 어렵게 해요. 러시아의 침공으로 시작된 우크라이나 전쟁이 길어지면서 인류 최대과제인 기후위기 협력이 뒷전으로 밀리고 대신 각국이 군비를 늘리는 상황이 벌어지고 있어요. 자정 1분 전을 가리키고 있다는 지구 종말 시계의 초침을 더 빨리 돌리고 있는 상황이에요.

'그린 데탕트green detente'라는 말이 있어요. 긴장완화를 뜻하는 프랑스어인 데탕트와 환경을 가리키는 그린의 합성어로, 생태·환경 분야 협력을 통해 긴장을 완화하는 것을 의미합니다. 하지만 앞에서 본 것처럼 군사훈련을 중단하는 것이 함께 나무를 심는 것 이상으로 중요해요. 남북이 서로 군사훈련을 중단해 한반도가 그린데탕트를 실천하는 모범 지역이 되도록 해야 해요.

금강산 관광

평화의 보금자리를
다시 찾아갈 날에

25년 전인 1998년 11월 18일 저녁, 강원도 동해안을 출항한 대형 여객선이 느릿느릿 움직이기 시작합니다. 배에는 할머니 할아버지 승객이 많았고 하나같이 상기된 표정이었어요. 다음 날 아침 닿은 곳은 북한의 항구 장전항이었습니다. 상륙한 노인들은 어머니, 아버지를 목 놓아 부르고 땅에 엎드려 절을 했어요. 전쟁으로 고향을 떠나야 했던 실향민들이 꿈에 그리던 고향 땅을 밟은 것이에요. 남북의 최대 교류협력사업이던 금강산 관광의 첫날 모습입니다.

강원도 북부에 있는 해발 1,638m의 금강산은 신라, 고려시대부터 중국에 알려질 만큼 명산이에요. 1만 2천 개 봉우리, 기암괴석과 폭포가 절경이어서 예로부터 수많은 문인과 화가들이 금강산을 예찬했어요.

금강산 관광은 한 실향민 기업가의 꿈에서 시작했어요. 금강산 자락인 강원도 통천에서 태어난 정주영 현대그룹 명예회장은

'아버지의 소 판 돈'을 훔쳐 서울로 와서 기업가로 성공합니다. 정주영은 1998년 소 1,001마리를 트럭에 싣고 판문점을 통해 북한으로 들어갔어요. 아버지의 소값을 1,000배로 갚아주겠다는 뜻이 담겼어요. 20세기 마지막 냉전지역인 한반도에서 벌어진 '소 떼 방북'은 세계의 찬사를 받았습니다. 정주영은 북한과 금강산 관광에 합의했고, 김대중 정부가 사업을 적극 지원하면서 관광이 시작됐어요.

2008년 7월까지 10년간 195만 명의 한국인이 금강산에 다녀갔고, 이산가족상봉 등 다양한 남북 행사가 열리면서 금강산은 평화의 보금자리가 되었어요. 필자도 금강산을 3번 다녀왔는데, 마지막 관광 때는 해변에서 바나나보트를 신나게 탄 기억이 생생해요. 하지만 2008년 7월 금강산을 찾은 남한 관광객 1명이 출입금지 구역을 산책하다 북한군이 쏜 총에 맞아 숨지면서 관광은 중단되고 말았습니다.

관광이 시작된 1998년은 한국이 외환위기를 겪던 때였어요. 북한이 미사일을 발사하고, 핵실험을 한다는 의혹도 제기돼 불안해하는 외국인 투자자들도 적지 않았어요. 금강산 관광은 한반도 긴장을 누그러뜨리면서 경제 회복에도 기여했습니다. 가벼운 마음으로 배낭을 메고 금강산을 다시 가볼 날이 언제쯤 올까요?

Q #장전항 #실향민 #명산 #금강산_예찬 #정주영_회장 #긴장_완화 #경제_회복 #관광_중단

나토(NATO)
세계 평화를 수호하는
집단방위 체제

북대서양조약기구North Atlantic Treaty Organization, 즉 나토NATO는 2차 세계대전 이후 유럽과 미국의 안보를 보장하기 위한 집단 군사 동맹 체제입니다. 2차 대전 이후 소련과 사회주의 진영이 동유럽 쪽으로 세를 넓히자 미국과 유럽이 군사 동맹을 만들었어요. 나토는 '집단방위 체제'예요. 회원국이 공격받으면 나토 전체에 대한 공격으로 간주해 대응하는 것이죠. 집단방위와 집단적 자위권에 대해서는 뒤에서 자세히 살펴볼게요.

1949년 창설 당시 미국과 캐나다 그리고 중립국을 뺀 서유럽 국가 대부분이 나토에 참여했어요. 튀르키예와 그리스가 1952년 합류했고, 1955년 서독이 회원국으로 가입합니다. 소련과 사회주의 진영은 나토에 대항해 1955년 바르샤바조약기구Warsaw Pact를 만들어요. 나토는 냉전시대 동서 진영 간 군사적 대립을 해요.

1990년대 초 소련이 붕괴해 냉전이 끝났는데도 나토의 몸집은 오히려 커지고 있어요. 1990년대 중반 코소보 등 동유럽에서

캐나다
미국

스웨덴
핀란드

30개 회원국(22년 5월 기준)
신규 가입 희망국
기존 가입 희망국

노르웨이
에스토니아
라트비아
리투아니아
덴마크

영국
네덜란드
덴마크
독일
폴란드
우크라이나
체코
슬로바키아
프랑스
헝가리
루마니아
크로아티아
보스니아
헤르체고비나
포르투갈
슬로베니아
불가리아
튀르키예
스페인
이탈리아
그리스

몬테네그로
북마케도니아
알바니아

⬆ 북대서양조약기구 회원국, 나토 공식 홈페이지

군사 분쟁이 벌어지는 등 긴장상태가 이어지는 분위기 속에서 나
토는 동쪽으로 세력을 확장해갑니다. 이를 '나토의 동진東進'이라
고 표현해요. 과거 사회주의 진영에 속해 있던 헝가리, 체코, 폴란
드 등 14개 동유럽 국가들이 속속 나토에 가입했어요. 나토의 활
동 목표와 범위도 지역안보를 넘어 세계 평화 수호로 확대합니
다. 아프가니스탄 전쟁에 나토군이 파견된 것이 대표적인 사례입
니다.

나토의 확장에 모두 찬성하는 것은 아닙니다. 특히 러시아는 나토의 확장에 강하게 반발해왔어요. 러시아는 미국과 서방이 독일 통일 당시 "나토는 1인치도 동쪽으로 확장하지 않겠다"고 약속해놓고 이를 계속 어겼다고 주장해왔습니다. 동유럽 국가들의 나토 가입에 이어 이웃 국가인 우크라이나가 나토 가입을 추진하자 2022년 우크라이나를 침공합니다.

하지만 러시아의 우크라이나 침공을 계기로 70년 넘게 중립 노선을 지켜온 스웨덴과 핀란드가 나토 가입을 추진하는 등 '나토의 동진'을 막으려던 러시아의 계획은 오히려 역풍을 부르고 있습니다.

Q #북대서양조약기구 #집단_군사_동맹_체제 #집단방위_체제 #군사_분쟁 #냉전시대 #중립국

남남갈등
남북 관계를 둘러싼
남한 내부에서 얽히는 갈등

북한 문제는 한국 사회에서 매우 민감하고 중요한 문제입니다. 남북 관계가 나쁘면 나쁜 대로, 좋아지면 좋아지는 대로 문제가 발생했어요. 남북 관계를 둘러싸고 정부가 어떤 입장을 취해야 할지를 둘러싸고 다양한 의견이 존재합니다. 때로는 격렬하게 의견이 부딪치기도 하고요. 정치권과 언론은 이를 '남남갈등'이라고 표현합니다. 예를 들어볼까요? 스포츠 경기에서 남과 북이 한팀을 이루어 경기하는 경우가 종종 있었습니다. 남북단일팀으로 묶여서 말이죠. 여기에 대해서도 서로 다른 의견이 존재합니다. 누군가는 남북 화해를 위한 단일팀 구성은 바람직하다고, 누군가는 단일팀 때문에 올림픽을 목표로 훈련해온 선수들의 출전 기회를 빼앗는 것은 공정하지 않다고 합니다. 남북단일팀에 대해서는 뒤에서 조금 더 자세히 살펴보기로 하고 여기서는 남남갈등 이야기를 이어가볼게요.

　남남갈등은 남북 관계가 진전될 때마다 격렬해지면서 정책에 제동을 걸어왔어요. 2018년 문재인 대통령과 김정은 국무위원장이 합의한 '판문점 선언'에 대한 국회 지지결의안은 보수야당의 반대로 채택되지 못했어요. 김대중 정부 때는 금강산 관광이나 개성공단 조성이 '대북 퍼주기'라는 비판을 받았습니다. 이명박, 박근혜 대통령은 진보 정부의 대북정책을 뒤집었어요. 그렇게 남북 관계는 악화되었죠. 정책이 이렇게 왔다 갔다 해서는 신뢰를 얻을 수가 없습니다. 독일에서 빌리 브란트 총리의 '동방정책'을 정권이 바뀐 뒤에도 일관되게 추진하면서 동독 주민들의 마음을 얻었던 서독 정부와 너무도 다릅니다.

한국 사회에서 남남갈등은 오랜 독재 체제 아래에서 억눌려왔던 다양한 의견이나 사상이 민주화 이후 분출되면서 등장했어요. 독재 정권 때는 진보적 의견·사상이 표현될 기회가 없었고, 정부가 허용하는 의견만 통용되었기 때문에 갈등이 표면으로 드러날 이유가 없었던 것이죠.

특히 북한을 어떻게 대할 것인가를 놓고 독재정권 때와 달리 '화해·협력하자'는 의견이 나오자 보수 세력들이 거부반응을 보이고 있는 것입니다. 물론 한국전쟁에서 가족과 친척, 친구가 희생되는 참상을 직접 겪은 노인세대는 북한과 화해하자는 정책에 불만을 가질 수 있습니다. 하지만 변화하는 국제정세 속에서 어떤 것이 한반도 평화와 국익에 맞는 것인지 진지하게 생각해봐야 합니다.

민주주의는 서로 다른 의견을 존중하면서 토론을 통해 더 나은 결론을 이끌어내는 과정이라고 할 수 있어요. 남남갈등이 완화될 수 있도록 정부와 정치권이 좀 더 노력할 필요가 있어 보입니다.

Q　#남북_관계 #다양한_의견 #판문점_선언 #비판 #정권_교체 #한반도_평화 #민주주의 #토론

018

남북공동연락사무소

지금은 닫혀 있는 관계
정상화를 향한 문

미국과 베트남은 1964년부터 1973년까지 치열한 전쟁을 치렀습니다. 베트남 전쟁이 공산화 통일로 마무리된 지 11년 뒤인 1986년, 베트남은 '도이머이'로 불리는 개혁개방 노선을 채택합니다. 토지의 국가소유와 공산당 지배체제를 유지하되 시장경제를 도입하고 농업을 개혁해 경제발전을 꾀하기로 한 것이에요.

도이머이를 본격적으로 추진하려면 세계 최강국인 미국의 협력이 필요했어요. 베트남 땅에 묻힌 미군 유해 발굴을 제안하면서 미국과의 대화가 시작됩니다. 미국은 1991년 적국 수도인 하노이에 현장 사무소를 열었고, 1995년에는 양국 수도에 연락사무소liaison office가 설치됐어요. 6개월 뒤인 1995년 7월 양국이 국교를 정상화하면서 연락사무소는 대사관으로 승격되었어요.

이처럼 연락사무소는 적대국가가 관계를 정상화하는 단계에서 등장합니다. 그래서 관계 정상화로 가는 '입구'로 불리기도 해요. 연락사무소는 미국과 중국 사이에서도 볼 수 있어요. 1972년

리처드 닉슨 미국 대통령이 중국을 전격 방문한 뒤 양국 관계가 가까워지면서 이듬해인 1973년 5월 연락사무소를 설치합니다. 연락사무소는 1979년 1월 국교가 수립되기 전까지 수교 준비를 비롯한 각종 업무를 처리하는 사실상의 대사관 역할을 했어요.

미국과 북한은 1994년 제네바 합의를 통해 연락사무소 설치를 처음 논의해요. 2019년 2월 베트남 하노이에서 열린 2차 북미 정상회담을 앞두고도 양국이 연락사무소 개설을 협의할 것이라는 관측이 나오기도 했지만 회담 결렬로 성사되지 못했어요.

남북 간에는 2018년 4월 정상회담 합의에 따라 남북공동연락사무소가 2018년 9월 14일 개성공단에 설치됐어요. 외국의 사례를 보면 평양과 서울에 각각 연락사무소를 두는 식이어야 하지만 여건상 한곳에 두는 절충안을 택한 셈이에요. 어쨌거나 남북 당국자들이 한 건물에 상주하면서 24시간 소통할 수 있는 체제가 구축된 것이니 그야말로 획기적인 일이었어요.

하지만 남북 관계가 악화되면서 북한이 2020년 6월 19일 대북전단 살포에 대한 남측의 대응을 문제 삼아 남북공동연락사무소 건물을 폭파해버렸어요. 남북 화해·협력이 얼마나 험난한지를 보여주는 안타까운 광경이었습니다.

🔍 #관계_정상화로_가는_입구 #연락사무소 #정상회담 #합의 #개성공단 #폭파 #화해와_협력

019

남북단일팀
핑-퐁,
평화와 화해의 에너지를 담아

한국전쟁에서 죽기 살기로 싸웠던 미국과 중국은 1970년대 들어 화해의 물꼬를 트게 됩니다. 그 계기는 뜻밖에도 탁구였어요.

1971년 3월 28일부터 4월 7일까지 일본 나고야에서 제31회 세계탁구선수권대회가 열렸어요. 어느 날 미국 선수가 셔틀버스로 착각하고 오른 버스가 공교롭게도 중국 선수단 버스였어요. 삼엄한 냉전 시대였으니 큰일이 벌어진 것인데, 버스에 있던 중국 선수가 미국 선수에게 수건을 선물하며 말을 걸었어요. 두 선수가 버스에서 내려 함께 걷는 장면이 신문에 실리면서 세계적인 화제가 되었습니다. 이 일을 계기로 미국 탁구선수들이 중국을 방문했고 양국 간 교류의 물꼬가 트였습니다.

마침내 리처드 닉슨 대통령이 1972년 중국을 방문해 국교 정상화에 합의했어요. 이른바 '핑퐁외교ping-pong外交'입니다. 정해진 규칙에 따라 경기하고, 결과에 승복하는 스포츠에는 이렇게 평화와 화해의 에너지가 숨겨져 있습니다.

고대 그리스에서는 올림픽 기간 동안 전쟁을 멈췄어요. 이런 정신을 살려 국제올림픽위원회IOC나 국제스포츠 대회 주최 측은 분단 또는 대립하는 국가들에게 단일팀을 만드는 것을 권하곤 합니다. 하지만 남북한 단일팀은 1990년대에야 처음으로 만들어졌어요.

1991년 일본에서 열린 세계탁구선수권대회에서 남북은 한반도기가 새겨진 유니폼을 입고 '코리아' 단일팀으로 출전했습니다. 여자 단체전에 한국의 현정화, 북한 리분희 선수가 최강팀인 중국을 꺾고 감격의 우승을 차지했어요. 이 감동의 드라마는 영화 〈코리아〉(2012)로 만들어지기도 합니다.

이후에도 몇 차례 단일팀이 구성됐는데, 그때마다 국내외의 관심이 뜨거웠습니다. 단일팀이 아니더라도 남북 관계가 좋던 시절에는 올림픽 개막식 등에 남북이 한반도기를 앞세우고 공동입장을 했고, 공동응원전을 펼치기도 했죠.

그런데 단일팀을 향한 여론이 호의적인 것만은 아니었어요. 2018년 평창 동계올림픽 때 여자 아이스하키 단일팀을 구성하는 과정에서 논란이 벌어졌거든요. 단일팀 취지는 알겠지만 올림픽을 목표로 4년을 준비해왔는데 단일팀 구성으로 출전 기회를 잃는 것은 공정하지 않다는 의견도 만만치 않았거든요.

Q   #화해의_몰꼬 #핑퐁외교 #평화의_에너지 #올림픽_정신 #코리아 #한반도기 #공정성_문제

남북연합
각자의 주권을 유지하고
단계적으로 결합해요

국제뉴스를 보면 유럽연합European Union, EU이라는 말이 자주 나오죠? 나라들이 각자의 주권을 유지한 채 결합하는 형태를 '연합confederation'이라고 해요. '아세안'으로 불리는 동남아시아국가연합ASEAN과 옛 소련에서 떨어져 나온 국가들로 구성된 독립국가연합CIS도 연합의 한 형태예요.

그런데 유럽연합은 '유로화'라는 공동의 화폐가 있고, 의회, 사법재판부, 집행위원회 등 입법·사법·행정기구를 갖추고 있어 연합 중에서도 결속력이 강한 편입니다. 유럽연합이 탄생한 계기는 제2차 세계대전이었어요. 전쟁이 끝난 뒤 유럽 각 나라들은 민족주의로 인한 전쟁의 참화를 막고 협력과 통합을 통해 평화를 이루는 방안을 차근차근 진행해왔어요.

연합보다 더 강한 결합 방식은 '연방federation'입니다. 여러 나라들이 뭉쳐 연방정부를 구성해요. 연방정부는 외교와 국방을 책임지고 대외적으로 나라를 대표합니다. 대표적인 연방국가인 미국의 정식 국가명United States of America, USA은 '미국에 있는 주state들이 통합했다'는 뜻이죠.

남북 간에도 연합·연방제가 꾸준히 논의되어왔어요. 정부의 '민족공동체 3단계 통일 방안'은 화해·협력(1단계) → 남북 연합(2단계) → 통일국가 형성(3단계)으로 구성됩니다. 남북 간 화해·협력이 성숙하면 남북 연합을 구성하는 방안인데, 남북 연합은 각자의 주권과 체제를 유지하면서 탄소중립 같은 공동 과제에 협력하는 형태를 가리켜요. 북한은 1960년대부터 연방제를 주장했어요. 1980년에 발표한 '고려민주연방공화국' 방안은 '최고민족연방회의'라는 통일정부를 수립하고 남북 정부를 지역정부로 두는 방안입니다. 한국은 '유럽'식 연합제를, 북한은 '미국'식 연방제를 주장해왔던 것이죠.

그런데 2000년 남북 정상회담 때 남북은 '연합제' 안과 낮은 단계의 '연방제' 안에 공통점이 있다고 인정했어요. '낮은 단계 연방제'는 1990년대 북한이 국력 약화로 흡수통일의 우려가 커지자 단계적으로 통일하자는 취지에서 내놓은 방안이에요. 남북이 군사·외교권 등을 각자 보유한 채 통일하자는 것입니다. 명칭만 다를 뿐 연합제와 비슷한 셈이죠.

Q #연합 #유럽연합 #결속력 #연방 #연방정부 #미국 #주권 #체제 #협력 #남북_정상회담

남북정상회담

정상이 만나 외교의 꽃을 피우려면 마음을 여는 노력이 필요해

국가 최고지도자가 외교 무대에 나서는 것을 정상頂上외교라고 해요. 정상외교는 '외교의 꽃'으로도 불려요. 나라 간의 관계를 만들어가는 데에 결정적으로 중요한 역할을 하기 때문이에요. 두 나라의 국가원수가 만나는 것을 정상회담이라고 하고, 세 나라 이상이 모이는 것은 정상회의라고 해요. 한·미 '정상회담', 한·중·일 '정상회의'처럼 명칭이 조금 달라지죠.

국가 최고지도자 간의 만남인 만큼 회담은 치밀하고 세심한 준비를 거쳐 이뤄집니다. 회담의 내용은 사전에 외무장관 회담이나 실무회담에서 조정이 이뤄지기 때문에 사전에 협의되지 않은 의제가 논의되는 일은 거의 없습니다. 그래서 정상회담에서는 어떤 협의를 했는지보다 어떤 형식으로 만났는지가 더 중요해요. 정상이 상대국으로부터 어떤 대접을 받았는지는 국가 위신과 직결되기 때문입니다.

역사적으로 중요한 정상회담을 꼽는다면, 1985년부터 4차례 열린 미·소 정상회담을 들 수 있어요. 미국의 로널드 레이건 대통령과 소련의 미하일 고르바초프 공산당 서기장은 스위스 제네바에서 처음 만난 뒤 1986년 아이슬란드 레이캬비크, 1987년 미국 워싱턴에서 세 차례 만나 냉전해체를 위해 뜻을 모았습니다. 적대 국가의 두 정상이 세 차례나 만나 신뢰를 쌓은 것입니다. 이를 바탕으로 레이건의 후임인 조지 부시 미국 대통령과 고르바초프는 1989년 지중해의 작은 섬나라 몰타에서 만나 냉전이 종식되었음을 선언합니다.

남북정상회담도 미·소 정상회담만큼 세계의 주목을 받았습니다. 2000년 6월 13일 평양 순안공항에서 김대중 대통령과 김정일 북한 국방위원장이 두 손을 맞잡은 장면은 지금 봐도 감동적입니다. 역사상 처음으로 만난 남북정상은 반세기 넘는 적대관계에 마침표를 찍기 위해 노력했습니다. 남북정상회담은 그 후로도 노무현, 문재인 대통령을 포함해 네 차례 더 열렸어요. 하지만 남북 관계는 그다지 진전되지 못했죠. 70년 넘게 쌓인 불신이 신뢰로 바뀌려면 서로 마음을 여는 노력이 더 필요할 듯합니다.

Q #국가_정상 #외교의_꽃 #국가원수 #정상회의 #정상회담 #김대중_대통령 #남북_관계 #신뢰

냉전체제·철의장막
절대로 뚫지 못하는
철로 된 장벽 앞에 서서

2차 세계대전에서 독일과 일본에 맞서 함께 싸운 미국과 소련은 전쟁이 끝난 직후부터 대립하기 시작했어요. 공산주의 국가 소련은 가까운 동유럽 국가들을 영향권으로 편입하기 시작했고, 나치에 맞서 싸운 유럽 각국의 공산당들이 정치적 영향력을 확대해 나갔어요. 공산주의 팽창에 위협을 느낀 미국은 그리스와 튀르키예에 대한 군사원조를 시작으로 자본주의 진영 수호에 나섭니다.

미국은 1948년 유럽부흥계획European Recovery Program으로 알려진 마셜 플랜Marshall Plan을 통해 유럽경제를 지원합니다. 이듬해엔 유럽과 미국의 군사동맹인 북대서양조약기구North Atlantic Treaty Organization, 즉 나토를 창설합니다. 하지만 1949년 들어 소련이 핵실험에 성공하고, 중국에서 마오쩌둥의 공산당이 국민당과의 내전 끝에 대륙을 지배하게 되자 미국과 소련 간의 대립이 격화됩니다.

이처럼 세계는 미국을 중심으로 한 자본주의 진영과 소련을

중심으로 한 공산주의 진영 간의 전쟁과 다름없는 대립이 지속되는 냉전冷戰에 돌입했어요. 냉전체제는 1950년 발발한 한국전쟁을 계기로 확고하게 자리잡습니다.

유럽에서는 소련과의 경계를 '철의 장막Iron Curtain'이라고 불렀어요. 철로 된 장막, 즉 절대로 뚫지 못하는 장벽이라는 뜻이에요. 이 말은 영국 윈스턴 처칠 총리가 1946년 미국의 한 대학에서 한 연설로 유명해졌어요.

"발트해의 슈체친에서 아드리아해의 트리에스테까지 철의 장막이 유럽 대륙을 가로지르며 내려지고 있습니다."

철의 장막은 냉전체제를 상징하는 말이 되었어요.

두 진영의 대립은 1970년대부터 조금씩 누그러지면서 프랑스어로 긴장완화를 뜻하는 '데탕트Détente' 시대로 접어들어요. 미국의 리처드 닉슨 대통령이 1969년 미국의 국제적 군사 개입을 중단한다는 내용을 담은 '닉슨 독트린'을 발표해요. 이어 1972년 닉슨이 중국을 방문해 국교 정상화에 합의합니다. 1985년 취임한 소련 미하일 고르바초프 서기장이 개혁 정책인 페레스트로이카를 추진합니다. 1991년 소련이 붕괴하면서 냉전은 반세기 만에 종식됐습니다.

023

네이팜탄
전쟁을 하더라도
선을 넘지는 말자

베트남 전쟁 때 화염이 옮아 붙은 옷을 벗어 던진 채 울부짖으며 도망치는 소녀의 사진을 본 적이 있나요? AP통신의 닉 우트 기자가 1972년에 찍은 사진인데요, 전쟁의 참상을 세계에 알린 '네이팜 소녀' 판티 킴푹이 무려 50년 만에 화상 치료를 마쳤다고 해요. 당시 9살이던 킴푹은 이때 입은 화상으로 14개월간 입원 치료를 받았지만 퇴원한 뒤에도 계속되는 고통과 싸워야 했대요.

네이팜napalm탄은 알루미늄·비누·팜유·휘발유 등을 섞어 젤리 형상으로 만든 네이팜을 원료로 만든 폭탄이에요. 섭씨 3,000도나 되는 고열로 반경 30m 이내를 불바다로 만들며 사람을 타죽게 하거나 질식해 죽게 하는 무서운 무기예요. 젤리처럼 끈적하게 달라붙기 때문에 오래도록 불길이 꺼지지 않아요. 네이팜탄은 한국 전쟁, 베트남 전쟁, 이라크 전쟁에서 미군이 사용했는데 워낙 잔인한 무기여서 '비인도적인 무기'로 분류돼 사용이 금지되었습니다.

전쟁 자체가 사람들을 다치고 죽게 만드는 비극이지만, 전쟁 중에 사용된 무기에는 극도로 잔인한 것들이 많아요. 네이팜탄도 그렇지만 백린탄白燐彈, White Phosphorus도 그에 못지않아요. 백린탄은 인(P)으로 만든 발화용 폭탄인데, 사람의 피부는 물론 심장이나 간 등 주요 장기와 뼈까지 태울 정도로 지독해요. 연기의 독성도 강해 백린탄 연기를 들이마시면 죽을 수도 있습니다. 이처럼 위험하기 때문에 백린탄을 민간인 거주지역에서 쓰지 못하도록 국제협약이 마련되어 있어요. 전쟁을 하더라도 선을 넘지 말자는 약속이죠. 그런데 이스라엘군이 2009년 팔레스타인 가자지구를 공격하면서 백린탄을 사용해 국제적인 비난을 사기도 했습니다.

네이팜탄에 피해를 입은 킴푹은 25년이 지난 1997년 '킴 국제재단'을 설립해 전쟁고아를 위한 병원과 학교, 집을 짓는 구호활동을 벌이는 한편 전 세계를 다니며 전쟁 체험을 전해왔어요. 그는 미국 CNN 방송과의 인터뷰에서 "살점이 떨어지는 걸 느끼면서 달려야 했던 제 경험을 나누면서 전쟁의 참혹함을 조금이라도 알리고 싶었다"고 했습니다. "'좋은 전쟁'은 없다"는 말을 떠올리게 하네요.

#폭탄 #베트남_전쟁 #비인도적_무기 #미군 #백린탄 #민간인 #가자지구 #전쟁고아 #참혹

024

노벨평화상

다이너마이트 발명의 비극
그리고 세계 평화의 메시지

버락 오바마, 알베르트 슈바이처, 왕가리 마타이, 말랄라 유사프자이. 미국 대통령, 독일 출신 의사, 케냐의 환경운동가, 파키스탄의 여성 교육 운동가인 이들의 공통점은 무엇일까요? 살아온 시대도, 성별도, 출신국가도, 직업도 다르지만 이들은 모두 노벨 평화상을 수상한 사람들입니다.

노벨 평화상은 노르웨이의 노벨 위원회가 1901년부터 매년 인류 평화에 기여한 개인이나 단체에게 주는 상입니다. 이 상을 제정한 사람은 알프레드 노벨이라는 스웨덴의 기업가이자 발명가입니다.

노벨은 1866년 폭약인 다이너마이트를 발명했어요. 건설 현장이나 광산 개발 등에 사용되는 화약의 원료인 니트로글리세린이 외부 충격에 쉽게 폭발해 많은 사람이 죽거나 다치곤 했어요. 이 니트로글리세린을 규조토 등에 흡수시켜 안정화시키는 대신 뇌관을 넣어 필요할 때만 폭발토록 한 것이 다이너마이트입니다.

이는 노벨에게 막대한 부를 가져다주었죠.

　하지만 애초의 목적과 달리 다이너마이트가 전쟁에 쓰이며 많은 사람을 죽음에 이르게 하자 노벨은 매우 괴로웠습니다. 세상을 뜨기 1년 전인 1895년, 노벨은 매년 세계 평화와 과학발달에 이바지한 사람에게 상을 주라며 유산을 스웨덴 왕립아카데미에 내놓았습니다. 이렇게 해서 만들어진 노벨상은 물리학, 화학, 문학, 생리학·의학, 경제학, 평화 등 6개 부문에 걸쳐 국적 및 성별에 관계없이 그 부문에서 뚜렷한 업적을 남긴 공로자에게 매년 수여되고 있습니다.

　노벨 평화상은 스웨덴 왕립아카데미가 아니라 노르웨이 노벨위원회가 수상자를 정합니다. 또 개인이 아니라 단체도 수상자가 될 수 있어요. 한국에서는 민주주의와 인권, 한반도 평화에 헌신했던 김대중 대통령이 2000년 상을 받았어요.

　　노벨평화상은 인류 평화와 인권의 가치를 드높인다는 점에서 의미가 크지요. 그렇지만 가끔씩 논란이 될 만한 인물이 선정되거나 당연히 받아야 할 인물이 받지 못하는 등 선정 기준에 의구심이 일기도 했어요. 수차례 후보에 올랐으나 결국 받지 못한 인도의 독립운동가 마하트마 간디가 대표적입니다.

Q 　#노르웨이 #노벨_위원회 #알프레도_노벨 #다이너마이트 #세계_평화 #인류_평화 #인권 #간디

뉘른베르크 재판
전쟁범죄 심판,
인권으로 가는 길

제1차 세계대전 패배로 영토를 빼앗기고 막대한 배상금까지 물게 된 독일인들의 불만이 팽배해집니다. 이런 가운데 아돌프 히틀러Adolf Hitler가 독일 민족의 우월성을 내세우는 나치Nazi당을 만들었어요. 권력을 잡은 나치는 독일인의 생존공간을 확보한다는 명분으로 1939년 9월 폴란드를 침공했습니다. 영국과 프랑스가 맞서면서 제2차 세계대전이 시작됐어요. 일본과 이탈리아가 독일 편에 섰고, 미국이 영국과 프랑스의 연합국에 합류했고, 소련과 중국도 동참했어요.

6년간의 전쟁으로 모두 8,000만 명가량이 숨졌다고 해요. 전쟁기간 인종주의를 내세운 나치는 600만 명에 이르는 유대인들을 학살합니다. 이를 홀로코스트Holocaust라고 해요.

2차 대전은 독일의 수도 베를린이 함락되고, 일본 히로시마와 나가사키에 원자폭탄이 투하되면서 끝납니다. 독일은 연합국에 의해 동독과 서독으로 분단되었고, 일본은 미군정의 통치를 받게 됩니다. 한국을 비롯한 아시아와 아프리카의 식민지가 제국의 지배에서 해방되었어요.

전쟁을 거치면서 전쟁범죄와 대량학살 등을 단죄해야 한다는 의견이 대두되었습니다. 이에 따라 연합국의 법관들이 독일의 전쟁범죄를 심판하기 위해 국제군사재판을 열었어요. 이 재판을 뉘른베르크 재판Nürnberg International Military Tribunal이라고 합니다. 나치 독일의 최고위급 전범 24명이 기소돼 12명에게 사형이 선고되었어요.

뉘른베르크 재판에 대해 '승자의 재판'일 뿐이라는 비판도 있긴 합니다. 하지만 대량학살과 반인도적 범죄를 국제사회가 단죄했다는 점, 국제형사재판소의 토대가 되었다는 점은 의미가 있어요. 재판이 열린 독일 뉘른베르크는 속죄의 의미를 담아 시내에 '인권의 길'을 조성했고, 2001년 유네스코로부터 인권상을 받았어요.

또 다른 패전국 일본에 대해서는 연합국이 1946년 도쿄에서 극동국제군사재판을 열어 28명을 기소했고, 도조 히데키 전 총리 등 7명의 사형을 집행했어요. 하지만 A급 전범 기시 노부스케가 처벌을 면했고, 훗날 총리가 되는 등 단죄에 한계를 보이기도 했습니다.

Q   #나치 #히틀러 #폴란드_침공 #홀로코스트 #유대인_학살 #전쟁범죄_단죄 #국제군사재판 #전범

능라도5·1경기장

핵 없는 한반도를 다짐하며
한반도 평화 의지를 되새겨요

북한의 수도 평양을 가로지르는 대동강에는 사회·지리 시간에 배운 하중도河中島들이 있어요. 서울을 가로지르는 한강에 여의도와 밤섬이 있는 것과 마찬가지예요. 능라도는 대동강에 있는 하중도 중 하나입니다. 면적은 서울 여의도의 3분의 1가량으로, 크지 않은 섬이에요. 북한은 1989년 5월 1일 노동절을 맞아 이곳에 15만 명의 관중이 들어갈 수 있는 대규모 경기장을 준공합니다. 여기엔 사연이 있어요. 한국이 1988년 서울올림픽을 유치하자 북한도 이에 질세라 세계청년학생축전이라는 대규모 국제 행사를 성대하게 개최해요.

체제경쟁 차원에서 지어졌지만, 능라도 경기장은 다양한 남북교류 이벤트가 개최된 '색다른' 장소이기도 합니다. 노태우 정부 시절인 1990년 10월 이곳에서 남북통일축구대회가 개최되었어요. 2007년엔 노무현 대통령이 북한을 방문해 김정은 국방위원장과 정상회담을 가졌는데, 노무현 대통령은 북한의 김영남 최고

김일성종합대학

능라도5·1경기장

개선문

모란봉극장

류경호텔

옥류관

평양시 중심부 지도

평양고려호텔

평양역

주체사상탑

두루섬   쑥섬(봉래도)   양각도

인민회의 상임위원장과 함께 이곳에서 북한의 대규모 집단체조 '아리랑' 공연을 관람하기도 했습니다.

2018년 9월에는 문재인 대통령이 김정은 국무위원장과의 정상회담을 위해 평양을 방문했어요. 문재인 대통령은 이 경기장에서 15만 북한 주민들 앞에서 7분간 연설했습니다. 남한의 대통령이 북한 주민들을 상대로 연설한 것은 사상 처음 있는 일이었어요. 문 대통령은 "지난 70년 적대를 완전히 청산하고 다시 하나가 되기 위한 평화의 큰 걸음을 내딛자고 제안한다"면서 "백두에서 한라까지 아름다운 우리 강산을 영구히 핵무기와 핵위협이 없는 평화의 터전으로 만들어 후손들에게 물려주자고 확약했다"고 말했습니다.

　평양시민들 앞에서 '핵 없는 한반도'를 다짐한 문 대통령의 연설에 세계인이 감동했습니다. 불과 1년 전만 해도 북한의 핵실험과 미사일 발사로 한반도가 전쟁 위기로 치달았던 것에 비하면 놀라운 변화였기 때문이에요. 북한과 미국과의 관계개선이 삐걱거리면서 지금은 남북 관계의 문도 닫힌 상태지만, 한반도 평화의지를 북한 주민들 앞에서 공개적으로 밝힌 역사적인 연설은 기억해야 할 일임에 틀림없겠죠.

Q　#북한 #수도 #평양 #대동강 #하중도 #정상회담 #평화의_터전 #핵_없는_한반도_다짐 #연설

다르푸르분쟁
21세기 최악의 인권 위기 사태

아프리카 북동부, 이집트 남쪽과 국경을 맞댄 수단이라는 나라가 있어요. 백나일과 청나일이 하나로 합쳐져 나일강이 되는 곳이자, 1990년대까지는 농축산물을 수출하는 아프리카 최대 농업국이기도 하죠. 이 나라의 서쪽 다르푸르Darfur 지역에서 2003년 분쟁이 시작됩니다. 1956년 영국에서 독립한 수단은 인구의 75%가량인 아랍인들로 지배층이 구성됐는데, 흑인을 배제하고 아랍인들을 우선시하는 아랍화 정책을 폈어요.

이런 상황에서 극심한 가뭄이 몇 차례나 다르푸르 지역을 강타합니다. 가뭄으로 사막이 더 넓어지면서 유목생활을 하던 북부 아랍계 사람들과 농사를 짓던 남부의 아프리카계 사람들이 부딪히기 시작했어요. 물과 식량이 풍족하던 시기엔 북부 유목민들이 남부 초원의 풀과 물을 가축에게 먹이는 행위가 문제가 되지 않았지만, 강수량이 줄어들어 농사를 짓기도 어려운데 유목민들까지 내려오자 농민들의 불만이 커졌어요. 정치적인 배경에 기후변

화가 겹친 것이 갈등의 원인으로 작용했습니다.

　수단해방군과 정의평등운동이 주축이 된 반군은 자치권 보장, 토지 분배를 요구하며 저항을 시작했어요. 수단정부는 아랍계 민병대인 잔자위드Janjaweed를 동원해 대응했습니다. 잔자위드는 흑인은 무조건 반군으로 간주해 무차별 학살하고, 약탈·방화를 일삼았어요. 여성과 어린 소녀들을 성폭행하기도 했습니다.

　휴전선언이 이뤄진 2007년까지 30만 명이 숨지고 250만 명의 난민이 발생했어요. 난민 중 약 25만 명이 기아와 질병으로 숨졌다고 해요. 수단 다르푸르 사태는 '21세기 최악의 인권 위기'로 불립니다.

유엔은 2005년 다르푸르 관련 범죄자들을 국제형사재판소 ICC에 세웠지만, 재판은 2022년에야 시작됐어요. 법정에 선 잔자위드 사령관은 31개에 달하는 혐의를 모두 부인했습니다. 수단을 30년 동안 통치했던 오마르 알 바시르 전 대통령은 2019년 반정부 세력에 구금되어 있었는데, 수단 측은 2021년 ICC에 바시르의 신병 인도 의사를 밝혔습니다. 엄정한 재판이 이뤄지길 바랍니다.

대륙간탄도미사일(ICBM)
인공위성을 싣느냐, 폭탄을 싣느냐

북한이 요즘 핵무기 개발과 함께 공을 들이고 있는 것은 대륙간 탄도미사일intercontinental ballistic missile, 즉 ICBM이에요. ICBM은 북한 열병식에서 가장 관심을 끄는 무기입니다. 탄도미사일은 로켓의 추진력으로 포물선 궤도를 그리며 날아가 목표를 공격하는 미사일입니다. 북한은 미국 본토까지 날아갈 수 있는 ICBM을 개발해왔어요. 우리나라가 2022년 6월 발사에 성공한 누리호 로켓의 원리도 탄도미사일과 다르지 않습니다. 꼭대기에 인공위성을 싣느냐, 폭탄을 싣느냐에 따라 성격이 완전히 달라지는 것이죠.

ICBM은 아시아에서 쏘면 태평양을 건너 아메리카 대륙까지 도달할 수 있는 장거리 미사일이에요. 사거리가 5,500km를 넘으면 ICBM으로 분류되죠. 이는 소련의 동쪽 끝에서 미국 본토를 타격할 수 있는 최단거리를 기준으로 한 것입니다. 문제는 탄두에 핵폭탄을 실을 수 있다는 점이에요. 핵탄두를 장착한 ICBM은 한 발만 쏴도 상대국에 치명적인 타격을 가할 수 있어요.

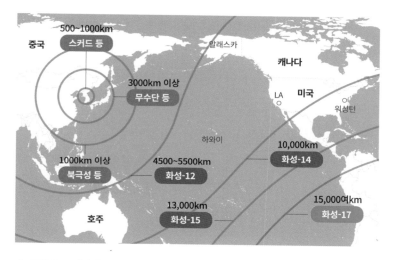

500~1000km
스커드 등

중국

3000km 이상
무수단 등

알래스카

캐나다

LA 미국

워싱턴

1000km 이상
북극성 등

4500~5500km
화성-12

하와이

10,000km
화성-14

호주

13,000km
화성-15

15,000여km
화성-17

⬆ 북한 주요 미사일 사거리, 2020 국방백서

ICBM은 포물선 궤적을 따라 워낙 먼 거리를 날아가기 때문에 대기권 바깥으로 나갔다가 다시 들어와야 해요. 대기권 재진입 과정에서 미사일 탄두가 공기와의 마찰로 수천 도까지 온도가 올라갑니다. 그래서 이를 견딜 첨단 내열 소재로 미사일 표면을 처리해야 하죠. '대기권 재진입' 기술을 확보하는 것이 관건인 셈입니다. ICBM이 워낙 치명적이어서 어떤 나라든 개발 움직임이 있으면 국제사회가 긴장할 수밖에 없어요.

미국은 ICBM이 도달하기 전에 쏘아 떨어뜨리는 미사일방어체계MD를 개발하고 습니다. 그중 하나가 '사드THAAD'로 불리는 고고도高高度 미사일 방어체계입니다. 탄도미사일이 고도

150~40km 단계에 있을 때 요격 미사일을 쏘아 파괴하는 방어 체계예요. 사드가 한국에 배치되자 중국이 반발하면서 한·중 갈등이 벌어지기도 했습니다. 사드에는 미사일이 날아오는 것을 파악하기 위한 X밴드 레이더가 딸려 있는데 이것이 수천 km 떨어진 중국까지 감시할 정도로 고성능이기 때문이에요.

그런데 미사일방어체계는 '날아오는 총알을 총알로 맞춰 떨어뜨리겠다'는 것이나 마찬가지여서 과연 실효성이 있는지 의문을 품는 이들도 적지 않아요.

#북한 #핵무기 #열병식 #탄도미사일 #장거리_미사일 #인공위성 #사드 #고고도_방어체계

대북제재

국제평화와 안전의 회복을 위해 북한에 취하는 조치

북한 관련 뉴스에는 '대북제재'라는 용어가 많이 등장합니다. 북한이 핵실험이나 미사일 발사시험을 하게 되면 어김없이 대북제재가 뒤따르곤 해요. 대북제재는 국제사회가 북한의 경제·외교 활동을 일부 제한하는 조치를 가리켜요. 국제사회가 정한 룰에 어긋나는 행동에 대한 벌칙인데 군사적 조치는 포함되지 않았습니다.

유엔 헌장의 제재sanction 조항(7장41조)은 "국제평화와 안전의 회복을 위해 회원국들에게 병력의 사용을 수반하지 않는 조치를 취하도록 요청할 수 있다"고 되어 있어요.

북한이 핵실험을 시작한 2006년부터 2017년까지 유엔은 10차례에 걸쳐 대북제재 결의안을 채택했습니다. 강도도 갈수록 높아져 마지막에는 북한의 석탄 수출을 금지하고, 북한 노동자의 해외 취업을 금지하는가 하면 북한과의 석유거래량을 제한했습니다. 한마디로 북한을 경제적으로 질식시켜 핵 개발을 포기하도록 만들겠다는 취지였어요.

유엔과는 별도로 미국도 독자적으로 북한에 제재를 가하고 있어요. 예전 사회주의 국가들에 적용했던 적성국교역법, 수출입은행법, 수출통제법이 여전히 적용되고 있어요. 최근에는 북한과 거래하는 제3국의 개인·단체까지 제재하는 '세컨더리 보이콧'을 시행하고 있어요. 북한과 섣불리 거래했다가 미국의 제재를 받을 수 있다는 뜻이에요. 이처럼 북한이 옴짝달싹 못하도록 제재의 그물망이 촘촘하게 쳐져 있어요. 2022년의 경우 미국은 북한의 잇따른 미사일 발사에 대해 대북 독자 제재 조치를 7번 발표했습니다. 개인 14명과 기관 16곳이 제재 대상에 올랐는데 미사일과 관련한 물품 조달과 연관된 개인이나 기관들이라고 합니다. 제재 대상이 되면 미국 내의 자산이 동결되고 미국 금융기관과의 거래도 중지됩니다.

하지만 대북제재의 실효성이 의문이라는 지적도 많습니다. 경제에서 대외무역 비중이 높은 한국과 달리 북한은 세계적으로도 유례없는 '자급자족' 폐쇄경제를 유지해왔기 때문이죠. 게다가 북한의 우방국인 중국과 러시아가 제재를 제대로 이행하고 있는지도 의심스러운 점이 있어요.

대북제재 여파로 개성공단, 금강산 관광 등 남북교류 사업은

#국제사회의_제한_조치 #군사적_조치는_포함되지_않아 #북한_핵실험 #수출_금지 #거래_제한

어려워졌어요. 북한과의 합작사업이 금지되었고, 북한에 대량으로 현금을 주지 못하도록 되어 있기 때문이에요. 제재를 풀려면 북한의 핵 개발이 중단되어야 하지만 핵을 안전보장 수단으로 간주하는 북한이 쉽게 말을 들을 리는 없어 보여요.

적성국교역법은 미국과 전쟁을 벌이고 있는 나라에 대해 무역, 금융, 투자 등 경제 전반에서 교역을 금지하는 경제제재를 말합니다. 나치 독일을 상대로 1917년 처음 발효된 이 법이 북한에 적용된 건 6·25 전쟁 이후입니다.
미국 수출입은행의 대출과 보증을 금지한 수출입은행법과 군사적 용도로 쓰일 수 있는 물품의 수출을 금지한 수출통제법도 미국이 독자적으로 시행하고 있는 대북 경제 재제들입니다.

대한민국 임시정부

대한의 완전한 자주독립
그 씨앗을 뿌린 사람들

대한민국 헌법의 전문前文에는 "대한국민은 3·1운동으로 건립된 대한민국 임시정부의 법통과 불의에 항거한 4·19민주이념을 계승한다"고 쓰여 있어요. 헌법 전문에도 등장하는 대한민국 임시정부(임정)에 대해 알아볼까요. 임정은 일제의 식민통치를 부정하고 독립운동을 펼쳐 빼앗긴 주권을 되찾겠다는 일념 아래 설립된 망명정부였어요.

1919년 3·1운동 직후 독립운동가들은 한국민들의 독립 의지를 대내외에 알릴 조직이 필요하다는 데 뜻을 모으고 4월 11일 중국 상하이에서 임시정부(임정)을 설립했어요. 임정은 헌법에 해당되는 '임시헌장'을 만들고, 국호를 대한민국으로 정했어요. 정치 체제는 민주공화제에 입법·사법·행정의 삼권분립을 명시했죠. 임정은 항일투쟁의 지도부 역할도 했어요. 투쟁자금을 마련하고 독립운동을 총괄·지휘하는 한편, 독립신문을 발행해 일본의 만행과 독립운동 상황을 안팎에 알렸습니다.

1919年 8月

독獨 립立

대한의 완전한 자주독립을 위하여

그러나 일제의 탄압이 심했고, 임정 내부의 결속력도 약해 1930년대 초까지는 성과를 내지 못했어요. 1932년 일본이 만주국을 세워 대륙 침략을 본격화하자 임정은 산하에 비밀 특수임무 조직인 한인애국단을 결성합니다. 일본 고위인사를 암살하거나 주요 시설을 파괴하는 것이 임무였어요. 윤봉길 의사의 상하이 홍커우 공원 폭탄 투척 의거가 대표적이에요. 일제가 대륙으로 뻗어오자 임정은 상하이에서 난징, 광저우 등으로 옮겨 다니다 1940년 충칭에 정착했고, 이때 한국광복군을 조직합니다.

하지만 2차 세계대전 종전 뒤 남한에 주둔한 미군은 임정을 인정하지 않았어요. 미국이 민족주의 성향이 강한 임정 요인들보다 친미적 인사를 선호했고, 행정의 효율성을 위해 조선총독부 관료들을 고용했기 때문이라는 분석이 많아요. 임정 주요 인사들은 개인 자격으로 귀국해야 했고, 정치권에서도 밀려나게 되었어요.

임정 인사들은 조국 독립에 몸을 바쳤으며, '주권은 국민에게 있고 권력은 국민으로부터 나오는' 민주공화제의 씨앗을 이 땅에 뿌렸어요. 민주공화국에서 살고 있는 후손으로서 '나의 소원은 우리나라 대한의 완전한 자주독립'이라던 임정 주석 김구 선생의 말씀을 떠올려봅니다.

#임정 #조국의_광복을_위하여 #독립운동 #독립_의지 #임시헌장 #한인애국단 #주권 #자주독립

031

데프콘·와치콘
진돗개 하나 둘 셋,
전투 준비 태세 돌입

한국전쟁 이후에도 남북 간의 군사적 충돌은 심심치 않게 벌어졌어요. 1968년 1월 21일에는 북한의 특수부대 31명이 청와대 부근까지 침투한 사건이 발생했고, 11월에는 울진·삼척지구 무장 공비 침투 사건이 두 달 가까이 벌어지기도 했어요. 거꾸로 북파공작원 같은 특수부대가 북한에 침투해 납치·파괴 활동을 벌이기도 했습니다.

그러다 보니 사회 전체가 긴장에 휩싸여 있었고, 요즘은 잘 쓰이지 않는 군사 용어들을 시민들도 잘 알고 있었어요. 예를 들면 '북한 사격 도발' '6군단 진돗개 하나 발령' 같은 말이죠.

진돗개는 군이 발령하는 경보체계인데 평시에는 '진돗개 셋'이었다가 무장간첩이나 탈영 등 긴급 상황이 벌어지면 '진돗개 둘'로 올라가요. '진돗개 하나'는 최고 경계 태세로 침투·도발 징후가 확실하거나 특정 지역에 실제 상황이 발생한 경우 발령됩니다. 1996년 강릉 잠수함 사건 때가 '진돗개 하나'였어요. 북한 잠수함이 정찰 활동을 한 뒤 복귀하던 중 강릉 앞바다에서 어선 그물에 걸려 좌초하는 바람에 잠수함에 타고 있던 26명이 강릉 일대로 침투한 사건입니다.

진돗개 외에 전투준비태세인 데프콘Defense Readiness Condition과 대북 정보 감시 태세인 워치콘Watch Condition도 있어요. 데프콘은 전투 준비 태세를 5단계로 구분해 발령하는데 숫자가 낮을수록 위기 등급이 높아져요. 데프콘 5는 전쟁 위험이 없는 상황, 데프콘 4는 단순 경계 태세, 데프콘 3은 전 군의 휴가 및 외출 금지, 데프콘 2는 전원 부대 복귀와 실탄 지급, 데프콘 1은 동원령이 선포되는 상황입니다. 데프콘 3 이상이면 한미연합사가 군 지휘권을 갖게 됩니다. 전쟁 시 작전권을 한미연합군사령부가 갖고 있기 때문이에요. 1976년 판문점에서 미루나무 벌목작업을 하던 미군 장교 2명을 북한군이 살해한 '판문점 도끼 만행 사건' 때 데프콘 3이 발령됐습니다.

워치콘은 정보 수집과 관련한 대응 태세로, 한국과 미국이 협의해 워치콘 단계를 결정하고 발령권은 한미연합사령관에게 있습니다.

Q #군사적_충돌 #경보체계 #무장간첩 #잠수함 #전투준비태세 #위기_등급 #한미연합사령관

032

도라산역

남쪽의 마지막 역이 아니라
북쪽으로 가는 첫 번째 역입니다

한국은 삼면이 바다로 둘러싸인 데다 북쪽은 군사분계선으로 가로막혀 있으니 섬이나 다름없어요. 국경을 넘으려면 비행기를 타거나 배로 바다를 건너야 합니다. 그런데 일제 강점기에는 부산에서 기차를 타고 중국과 러시아를 거쳐 유럽까지 갈 수 있었습니다. 남북이 철도로 연결되어 있었으니 당연한 얘기지만 어쨌거나 기차를 타고 국경을 넘던 시대였습니다.

분단과 전쟁으로 끊어진 경의선 철도의 남쪽 최북단에 도라산都羅山 역이 있어요. 서울과 북한 신의주를 잇는 경의선은 1905년 일본이 러일전쟁을 위해 군용철도로 건설했어요. 한국전쟁 때 철로가 파괴된 뒤로 남측 구간은 복구됐지만 비무장지대 Demilitarized Zone, DMZ에 속한 구간은 복원되지 못한 상태였습니다.

2000년 남북정상회담 이후 남북은 남측의 문산역-도라산역 구간, 북측의 개성역-도라산역 구간을 연결하기로 했고 2001년에 공사를 마쳤어요.

연결된 철로를 따라 화물열차가 2007년 12월 11일부터 1년간 남측의 문산과 북한의 봉동 구간을 매일 한 차례씩 정기운행했어요. 첫날 황해도 판문역으로 떠나는 컨테이너 10량짜리 화물열차가 문산역을 출발해 임진강역을 거쳐 통관·검역과 승무신고를 위해 도라산역 1번 홈으로 들어왔어요. 56년 만에 정기 운행을 재개한 화물열차를 환송하러 나온 시민들이 한반도기를 흔들던 광경이 지금도 눈에 선합니다.

하지만 2008년 이후 남북왕래는 멈췄어요. 남측에서는 임진강역까지 갈 수 있지만, 이 역에서부터 도라산역까지는 안보 관광 열차를 빼곤 주말에만 한 차례 열차가 오갈 뿐입니다.

비무장지대 남방한계선에서 700m가량 떨어져 있는 도라산역은 민간인출입통제선 안에 있어 출입 신청서를 쓰고 신분증을 검사한 뒤에야 들어갈 수 있답니다. 역에서도 지정된 곳을 벗어날 순 없고요. 도라산역에는 평양까지 205km, 서울까지 56km라는 표지판과 함께 '남쪽의 마지막 역이 아니라 북쪽으로 가는 첫 번째 역입니다'라는 문구가 적혀 있어요. 열차를 타고 북녘땅을 지나 중국, 러시아를 거쳐 유럽으로 달리는 날이 빨리 왔으면 좋겠어요.

🔍 #경의선 #최북단 #러일전쟁 #군용철도 #비무장지대 #남방한계선 #민간인출입통제선

033

독도

아무리 자기네 땅이라고 우겨도
독도는 우리 땅, 우리 땅!

"독도는 역사적, 지리적, 국제법적으로 명백한 우리 고유의 영토입니다."(대한민국 외교부), "시마네현에 속하는 일본 해상의 다케시마竹島(일본이 독도를 일컫는 말)도 일본 고유의 영토인데, 한국이 불법으로 점거하고 있으며 일본은 계속 항의하고 있다."(일본 도쿄서적 지리탐구 교과서)

울릉도에서 87.4km 떨어진 독도는 동도와 서도 그리고 주변 89개 부속 도서로 되어 있어요. 신라시대 이사부異斯夫 장군이 울릉도와 독도를 다스리던 우산국于山國을 신라 영토로 복속시켰어요. 1454년 편찬된 『세종실록지리지』에는 울릉도와 독도가 강원도에 속한 두 섬이라고 되어 있습니다. 1693년 울릉도의 어부 안용복이 일본 어선에 납치된 것을 계기로 조선은 울릉도의 영유권을 묻는 질문서를 일본에 보냅니다. 일본은 울릉도와 독도가 자

🔍 #독도는_우리_땅 #동도 #서도 #부속_도서 #세종실록지리지 #고유영토 #영유권 #황금어장

국 영토가 아니라고 답변합니다.

2차 세계대전 패전 후 일본이 연합국과 1951년 체결한 샌프란시스코 평화조약에서도 '일본은 한국의 독립을 인정하고 제주도와 거문도, 울릉도를 비롯한 한국에 대한 모든 권리와 소유권 및 청구권을 포기한다'고 되어 있어요. 독도가 우리 고유영토인 근거는 이처럼 다양합니다.

그런데 일본은 과거 일본인들이 독도 인근에서 활동한 점, '다케시마는 주인이 없는 무주지이므로 일본령으로 편입한다'는

일본 시마네현의·1905년 고시 등을 들어 자기네 영토인 독도를 한국이 불법 지배하고 있다고 주장합니다.

　일본은 왜 독도 영유권을 고집하는 걸까요? 우선 경제적 이유를 꼽을 수 있습니다. 유엔 해양법은 한 나라의 해안선이나 섬을 기준으로 12해리까지를 영해로, 200해리까지는 경제적 주권을 인정하는 배타적경제수역Exclusive Economic Zone, EEZ으로 봅니다. 독도 주변은 한류와 난류가 교차하는 황금어장인 데다가, 천연가스 결정인 메탄하이드레이트라가 매장되어 있어요.

일본 내 보수 정치세력이 역사와 영토 문제를 건드려 국가주의 색채를 강화하려는 사정도 작용하고 있습니다. 일본은 독도 영유권 주장 외에도 일본군 위안부를 강제로 동원하지 않았다는 내용을 교과서에 싣고 있어요. 미래 세대에 잘못된 인식을 심는, 걱정스러운 현실입니다.

부속 도서는 그 나라 주변에 딸린 섬들, 더 큰 섬에 딸린 작은 섬이나 암초들을 말합니다. 독도도 실제 하나의 섬이 아니라 동도와 서도 그리고 그에 딸린 크고 작은 섬과 암초를 한꺼번에 말하죠. 독도의 부속 도서로는 삼형제굴바위, 부채바위, 숫돌바위, 지네바위, 군함바위 등이 있고 이름이 붙지 않은 암초들도 있어요.

034

돈주

장마당을 휘어잡은
돈의 주인이 있어

북한에는 '돈주'라는 말이 있어요. '돈의 주인'을 줄인 말인데, 자본가를 가리키는 말로 쓰입니다. 드라마 〈사랑의 불시착〉에 나오는 돈주는 평양의 고급 백화점 사장이에요. 돈주는 '고난의 행군' 이후 활성화된 장마당을 기반으로 돈을 모은 신흥 계층입니다.

북한 은행은 개인에게 대출해주지 않아요. 돈이 필요 없는 사회주의이기 때문이죠. 그러나 시장경제가 발달하면서 돈이 필요해지자 주민들은 상인들에게 돈을 빌리게 되었어요. 상인들이 물건뿐 아니라 돈을 팔게 된 셈이죠. 신흥부자들이 금융업자 노릇까지 하면서 돈주가 된 것입니다. 북한 당국도 경제건설을 위해 돈주들의 힘을 빌리고 있어요.

2015년 개정된 북한의 〈기업소법〉에 따르면 기업이 "경영활동 자금을 은행으로부터 대부받거나 주민유휴화폐 자금을 동원

Q   #돈의_주인 #고난의_행군 #신흥_계층 #사회주의 #시장경제 #부자 #합법 #특혜 #투자_계약

할 수 있다"고 되어 있어요. 주민유휴화폐 자금은 주민들의 여윳돈을 뜻하며, 돈주에게서 돈을 빌려 기업경영에 쓸 수 있도록 법으로 보장한다는 뜻입니다. 돈주는 합법화된 권한을 이용해 제조업은 물론 서비스업, 무역, 건설, 환전과 송금 등으로 진출하고 있어요. 드라마 속 백화점은 국가 소유이니 '사장'이란 호칭은 어색하지만, 국가는 돈주가 경영하도록 허가해주고 수익금의 일부를 가져가는 방식이니 사장이라고 불러도 틀린 말은 아닐 듯하네요. 국가가 영업 허가권을 주면 돈주들이 자본을 끌어모아 내부를 꾸미고 물건을 갖춰 영업을 하는 방식이에요.

김정은 국무위원장이 집권한 이후 평양 여명거리에는 최고 82층의 초고층아파트 40동, 공공건물 60동이 1년 만에 뚝딱 지어졌어요. 북한 전문가들은 돈주의 협력이 없으면 이런 일은 상상하기 어렵다고 해요. 국가가 건설사업 목표를 제시하면 사업 책임자들은 돈주에게 의뢰해 공사를 맡기며 특혜를 약속하는 것이죠. 돈주들은 투자금보다 더 큰 이득을 볼 수 있게 일부 건물 사용권을 넘겨주는 계약을 한다고 하네요. 한국에서 공공사업에 민간자본을 유치하는 것과 비슷해요.

사회주의社會主義, Socialism는 인간 개인보다 사회 전체의 이익을 중요하게 보는 사상을 말해요. 자유로운 경제활동을 보장하는 자본주의資本主義, Capitalism 체제에서 자본을 지닌 사람들은 더 많은 이윤을 취하는 반면, 그렇지 못한 사람들은 더욱 가난해졌죠. 이런 모순을 극복하고자 사회주의 사상에서는 생산수단을 사적으로 소유하지 않으며 공동체의 행복을 우선시하도록 합니다.

035

동맹

같은 목적을 위해
동일하게 행동하기로 맹세해요

뉴스에서 '한미동맹'이라는 말을 한 번쯤 들어본 적이 있을 거예요. 한국과 미국은 동맹同盟 관계라는 뜻입니다. 한국과 미국은 한국전쟁 이후 상호방위조약을 체결하면서 동맹 관계가 되었어요. 이 조약은 한국이 외부로부터 무력 공격의 위협을 받으면 미국은 이를 원조한다는 내용으로 주한미군과 한·미 연합방위체제를 이끌 한미연합사령부가 주둔하는 근거이기도 해요.

여전히 군사적 관계가 핵심이지만 21세기 들어 한미동맹은 '포괄적 전략동맹'으로 변화합니다. 군사·안보 차원을 넘어 정치·경제·사회·문화 등 다양한 분야에서 협력을 확대해나간다는 취지입니다.

미국은 한국 외에 여러 국가와 동맹을 맺고 있어요. 대표적인 것이 파이브 아이즈The Five Eyes입니다. 미국과 최우방국들인 영국, 캐나다, 호주, 뉴질랜드 간의 군사 동맹이자 정보 공유 협약을 가리킵니다. 미국은 유럽연합, 프랑스, 독일, 그리스, 이탈리아, 일본과도 동맹 관계입니다. 미국과 군사 동맹을 맺었거나 오랫동안 전략적 우호 관계를 유지해왔어요.

북한은 과거 소련 중국과 동맹을 체결한 적이 있습니다. 하지만 1990년대 한국과 러시아가 정상회담을 하자 북한이 동맹조약을 파기했어요. 중국과는 1961년 '조중 우호 협력 및 호상 원조에 관한 조약(북중 우호조약)'을 맺었는데, 여기에는 쌍방 어느 국가라도 침략받으면 지체 없이 군사적 및 기타 원조를 제공한다는 내용이 담겨 있다고 합니다. 중국은 한국전쟁에서 북한군을 도와 참전했으니 북한과는 동맹보다 더 굳건한 '혈맹血盟' 관계였죠. 하지만 중국과 한국이 국교를 수립한 것을 계기로 북중 동맹은 사실상 효력을 잃었다는 평가가 나오고 있어요.

동맹은 '서로 같은 목적이나 이익을 쟁취하기 위해 같은 행동을 하기로 맹세하는 것'을 의미하는데, 뒤집어 생각해보면 서로 생각하는 목적과 이익이 달라진다면 언제든 동맹은 폐기될 수도 있다는 뜻도 됩니다. 국제 관계나 외교 무대에서 영원한 적도, 영원한 우방도 없다는 말은 그래서 나온 걸 거예요.

Q #한미동맹 #상호방위조약 #한미연합사령부 #포괄적_전략동맹 #우방국 #우호_관계 #혈맹

036

동방정책
동쪽 사람들의 마음을 얻으려는
평화를 향한 노력들

김대중 대통령은 취임 후 북한과 화해협력 정책을 추진합니다. 김 대통령의 대북정책에는 '동방정책'이라는 중요한 '참고서'가 있었어요. 독일이 분단되었던 시절 서독의 총리를 지낸 빌리 브란트(1913~1992)가 추진한 정책으로 독일어로는 오스트폴리틱 Ostpolitik이라고 해요.

독일은 2차 세계대전에서 패배한 뒤 1949년 서독은 서방 진영, 동독은 공산권에 편입되면서 분단되었어요. 동서독은 한동안 사이가 좋지 않았어요. 서독은 동독을 국제적으로 고립시키려 했고, 동독은 주민들의 서독 탈출을 막기 위해 1961년 베를린에 장벽을 세웠어요.

빌리 브란트가 1969년 총리가 되면서 분단을 극복하려는 정책을 본격화했어요. 동방정책은 동독은 물론 소련과 동유럽 국가와도 관계를 개선하려는 정책이었습니다. 소련 및 동유럽과 잘 지내는 것이 유럽 전체의 평화와 독일의 통일에 중요하다고 판단한 것이에요.

그는 동독을 경제적으로 지원하는 정책도 펼쳤어요. 20년 동안 매년 32억 달러의 현금과 물자를 동독에 주고, 매년 수백만 명이 양쪽을 왕래하도록 하는 등 교류 협력을 확대해요. 동독 주민의 삶을 나아지게 하고 민족통합을 유지하는 것이 통일의 기초가 된다고 판단한 것이죠. 그 결과 동독 시민들이 아침에는 공산당 신문을 읽으면서도 저녁에는 서독 TV를 시청하는 상황으로 발전하게 됩니다. 서독 정부가 동독 주민의 마음을 얻게 된 것이죠.

브란트 총리는 1972년 동독을 국가로 승인하고 국경선을 인정하며 침략하지 않겠다는 약속을 담은 '동·서독 기본조약'을 체결했어요. 동독을 무너뜨려야 한다는 여론이 적지 않을 때여서 브란트 총리가 위기에 몰리기도 했어요. 하지만 동방정책은 정권이 교체된 뒤에도 계승되었어요. 정권이 보수건 진보건 일관성 있게 추진한 정책이 통일의 구심력을 키운 셈이에요.

빌리 브란트 총리는 "평화가 전부는 아니지만 평화 없이는 아무것도 이룩할 수 없다"는 유명한 말을 남겼어요. 동서독과 달리 서로 전쟁까지 치른 경험이 있는 남북한이 더욱 새겨야 할 말이겠죠.

Q   #화해협력_정책 #김대중_대통령 #오스트폴리크 #빌리_브란트 #분단_극복_정책 #관계_개선

037

동북공정
중국은 대체 왜 그럴까?
이웃 나라 역사를 왜곡하지 마!

한국 역사상 영토가 가장 넓었던 시기는 고구려와 발해 때입니다. 고구려는 전성기에 현재 중국 지린성과 랴오닝성 대부분을 아울렀어요. 고구려를 계승한 발해는 이보다 영토를 더 확장해 러시아 블라디보스토크 등 연해주 일대까지 이르렀습니다. 고구려와 발해는 엄연한 한국 역사의 일부입니다.

그런데 중국은 고구려와 발해를 자기네 역사에 편입시키기 위해 역사 왜곡에 나서고 있습니다. 중국이 2002년 시작한 동북공정東北工程이 그 출발점이에요. 동북공정이란 중국의 동북쪽에 위치한 지린성, 랴오닝성, 헤이룽장성 등 3개 성과 중국 정부가 지역의 역사와 현재를 연구하는 프로젝트였어요.

중국이 자국 내 지역을 연구하는 것이야 이상할 게 없지만 문제는 고조선부터 부여, 고구려와 발해를 "중국 고대 소수민족의 지방정권"이라고 기술하는 등 이 지역에서 전개된 모든 역사를 '중국의 역사'로 왜곡하려 했다는 점입니다. 중국은 왜 이런 주장을 하는 걸까요? 동북 3성에는 '조선족'으로 통칭되는 한국계 중국인들이 거주해왔는데, 중국 정부가 소수민족의 통합을 위해 조선족의 역사도 자신들의 역사라고 주장하는 것입니다.

한국 정부는 2004년 중국 정부에 고구려사 왜곡에 공식적으로 문제를 제기하고 구두로 시정을 요구했죠. 연구로서의 동북공정 프로젝트 자체는 2007년 끝났지만, 중국의 역사 왜곡은 근절되지 않고 있어요. 최근에도 한·중 수교 30주년 등을 기념해 중국 국가박물관이 2022년 7월 26일부터 베이징에서 개최한 청동기 유물전에서 한국 역사 관련 연표 중 고구려와 발해를 제외해 파문이 일었어요. 고구려와 발해가 한국의 역사가 아니라는 중국 당국의 인식이 이런 불상사의 원인이 된 것입니다.

중국 지도자들의 이웃 나라에 대한 옳지 못한 인식이 이런 역사 왜곡의 배경이 아니냐는 의구심도 일고 있어요. 2017년 미중정상회담 이후 도널드 트럼프 전 미국 대통령이 언론에 "시진핑 (중국) 국가주석이 한국은 중국의 일부였다고 말했다"고 하여 논란이 인 적이 있습니다. 중국의 의도야 어찌 됐든 이웃 국가의 '역사'를 왜곡하는 일이 더는 없기를 바랍니다.

#고구려 #발해 #영토_확장 #연해주 #조선족 #중국의_역사_왜곡 #인식_개선 #왜곡_근절

038

동아시아 영토분쟁

영토를 둘러싼 분쟁들을
끝낼 수는 없나요?

일본의 독도 영유권 주장을 보면 어떤 생각이 드나요? 독도는 확실한 우리 영토이기 때문에 분쟁의 대상이 아니죠. 하지만 동아시아에서는 변경 지역의 섬들을 둘러싸고 곳곳에서 영토분쟁이 전개되고 있어요.

대표적인 사례는 센카쿠[尖閣], 중국명 댜오위다오[釣魚台] 열도를 둘러싼 중국과 일본 간의 분쟁입니다. 열도는 길게 늘어선 섬들을 말하죠. 일본 오키나와 서남쪽 약 400km, 중국에서는 동쪽으로 약 350km에 있는 작은 섬들과 암초가 센카쿠(댜오위다오) 열도입니다.

대만과 일본 사이에 위치한 대륙붕에 석유가 매장돼 있을 것이라는 유엔 보고서가 나온 뒤부터 양국 갈등이 본격화되었어요. 센카쿠를 실효 지배하고 있는 일본은 이곳이 1895년 오키나와현에 편입됐다며 영유권을 주장합니다. 반면 중국은 댜오위다오가 표시된 지도 등을 근거로 들어 역사적으로 중국 영토이며, 2차 세

계대전에서 패전한 일본이 대만과 부속 도서의 권리를 포기했으니 돌려받아야 한다고 주장해요. 일본은 홋카이도와 러시아 캄차카반도 사이에 위치한 쿠릴열도(일본명 북방영토)를 두고 러시아와 갈등을 빚고 있습니다. 작은 섬 50여 개가 모인 이곳 역시 석유 등 자원과 수산물이 풍부해요.

무리를 지은 섬을 군도라고 하는데, 동남아시아와 중국 사이의 남중국해에서는 중국명 난사南沙군도를 둘러싸고 중국, 대만, 베트남, 필리핀, 말레이시아, 브루나이 등 무려 6개국이 영유권을 다투고 있어요. 중국명은 난사군도이지만, 베트남은 쯔엉사군도, 필리핀은 칼라얀군도, 말레이시아와 브루나이에서는 스프래틀리군도로 각각 불리고 있어요.

이곳 역시 석유와 천연가스가 대규모로 매장되어 있다는 유엔 보고서가 분쟁의 불씨가 됩니다. 남중국해의 원유 수송이나 교역의 핵심 루트에 이 섬들이 위치한다는 점도 서로 양보할 수 없는 이유이기도 해요.

영토 분쟁은 상황에 따라 군사적 충돌로까지 이어질 수 있는 민감한 문제입니다. 영토는 국민과 함께 국가의 가장 중요한 구성요소이기 때문에 쉽게 타협할 문제도 아니에요. 영토분쟁이 오래갈 수밖에 없는 이유이죠.

🔍 #국가_구성요소 #영토 #센카쿠_열도 #석유 #갈등 #쿠릴_열도 #유엔_보고서 #군사적_충돌

039

로힝야
터전을 잃고 난민이 된
로힝야족의 고난

'세계에서 가장 박해받는 민족'

미얀마 서부 라카인주에 거주하는 로힝야Rohingya족을 유엔은 이렇게 부르고 있어요. 불교도가 대부분인 미얀마에서 벵골계 무슬림인 로힝야족은 시민권을 갖지 못한 이들이 대부분이며 수십년째 공격대상이 되어왔어요. 살아갈 터전을 잃고 난민이 되어 이웃나라에 머물고 있어요.

로힝야족이 미얀마에 정착한 이유에 대해서는 여러 견해가 있지만 로힝야족은 1,000년 전에 미얀마에 정착한 아랍계가 조상이라고 주장하고 있어요. 이미 수백년 넘게 미얀마에서 살아왔다는 것이죠.

1960년대 이후 미얀마에서는 로힝야족의 권리가 제한됐고 1982년 시민법이 바뀌면서 시민권을 잃게 됩니다. 이웃 나라인 방글라데시에서 온 불법 이주민이라며 국적을 주지 않았던 것이에요. 교육, 주택, 참정권 등 여러 분야에서 차별을 받자 로힝야족

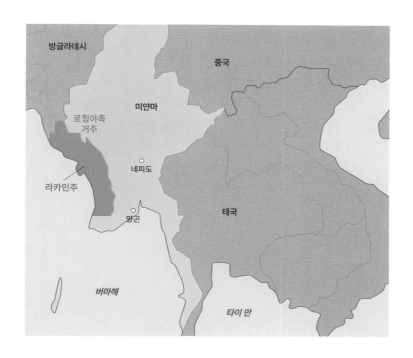

의 불만은 커졌어요.

　2012년 미얀마의 다수 종족인 라카인족과 로힝야족 간의 충
돌로 200명이 숨졌어요. 미얀마 정부는 로힝야족을 본격적으로
추방하기 시작했고, 많은 난민이 발생했어요. 2016년에는 독립
을 주장하는 로힝야족 반군이 경찰 초소를 습격하는 일이 벌어졌
어요. 미얀마 군경은 이를 진압한다는 명목으로 로힝야족에 대해
살인, 방화, 폭행, 성폭행 등을 저지릅니다. '소탕작전'이 벌어진
지 한 달 만에 9,000명의 로힝야족이 숨진 것으로 추정되었어요.

유엔은 미얀마 정부가 로힝야족을 상대로 '인종청소'를 벌이고 있다고 비판했습니다. 그러나 미얀마 민주화 운동으로 노벨평화상을 수상한 아웅산 수지가 이끄는 미얀마 정부는 이런 혐의를 부인합니다. 미얀마는 2021년 일어난 군사 쿠데타로 수지가 실권했고, 극심한 혼란을 겪고 있는 상황입니다.

미얀마는 로힝야족을 학살한 혐의로 유엔 국제사법재판소에 제소된 상태입니다. 이슬람협력기구의 대표격으로 아프리카의 감비아가 미얀마를 제소했기 때문이죠. 난민이 된 이들만 약 100만 명, 단일 민족으로는 최대의 무국적 집단인 로힝야족의 고난은 언제 끝날 수 있을까요.

Q   #미얀마 #라카인주 #시민권 #난민 #국적 #차별 #인종청소 #쿠데타 #학살 #국제사법재판소

르완다 대학살

되풀이되어서는 안 될 아픈 과거, 힘들지만 기억해야지

"대학살 기간에 아버지를 잃었어."

"나도 많은 가족을 잃었어. 아버지, 할머니, 할아버지, 외할머니, 외할아버지, 이모와 삼촌들. 친척이 30명이 넘었는데 지금은 5명뿐이야."

외국인들이 한국에 거주하는 친구를 방문해 함께 한국을 여행하는 예능프로그램이 있어요. 프로그램에 출연한 르완다인들이 겪었던 비극을 회상하는 대화입니다. 르완다에 무슨 일이 벌어졌던 걸까요?

중앙아프리카에 속한 르완다는 멸종위기의 마운틴고릴라가 서식하는 국립공원과 향긋한 커피로 유명해요. 1차 세계대전 이후 르완다는 벨기에령으로 편입됐다가 1962년 독립합니다. 그런데 벨기에는 부족 간의 갈등을 이용해 통치해왔어요. 인구의 14% 정도인 투치족을 우대하는 정책을 폈고 이들이 지배층이 됐지요. 인구 84%인 후투족은 독립된 뒤에도 투치족의 지배를 받아야 했어요. 그러다 1973년 후투족 군인인 쥐베날 하브자리마나가 쿠데타로 정권을 장악한 뒤 장기간 독재하며 거꾸로 투치족을 억압해요. 그러자 투치족은 1990년 르완다 애국전선을 조직하고 정부에 대항하면서 내전이 시작됩니다. 유엔이 중재에 나섰지만 소용없었어요.

이런 혼란 속에 1994년 4월 하브자리마나 대통령이 암살됩니다. 대통령의 측근들은 투치족이 암살했다면서 투치족 관료들을 죽였고, 민병대를 동원해 투치족 시민들까지 무차별 학살했어요. 대통령이 암살된 다음 날부터 약 100일 동안 투치족과 온건파 후투족 등 약 100만 명이 살해됐어요. 인구의 10%가 죽임을 당하는 대학살극이었습니다. 출신 부족이 다르다는 이유만으로 한동네 이웃을 죽이는 끔찍한 일들이 벌어졌어요. 그런데 르완다 대학살의 원인이 단순히 부족 간의 갈등 때문만이었을까요? 국제 인권 단체 휴먼라이츠워치는 "지배층이 권력을 유지하기 위해 의도적으로 증오와 공포를 조장했다"고 지적합니다.

사태가 수습된 뒤 르완다는 매년 4월 추모 기간을 정해 희생자들을 기리고 있어요. 예능 프로그램에 나온 르완다 친구들은 "힘들지만 기억해야지"라고 했죠. 아픈 과거가 반복되지 않게 하는 것이 살아남은 이들이 할 수 있는 최선의 추모가 아닐까요.

🔍 #중앙아프리카 #르완다_독립 #장기_독재 #투치족 #정부_대항 #내전 #지배층의_조장

041

매카시즘
매카시의 연설에서 시작된
반공산주의 광풍

1950년 2월 미국 웨스트버지니아주 휠링에서 조셉 R. 매카시 **Joseph R. McCarthy**라는 이름의 상원의원이 유명한 연설을 합니다. "국무부 안에 205명의 공산주의자가 활동하고 있습니다." 그는 명단을 갖고 있다는 듯이 종이 몇 장을 들어 보이기도 했어요.

공산주의자들이 미국 외교정책을 담당하는 국무부에서 암약하고 있다는 그의 주장은 미국 사회에 엄청난 충격을 던졌어요. 냉전체제가 형성되던 시기인 만큼 사실이라면 그냥 넘어갈 수 없는 일이었어요. 그의 주장을 검증하기 위해 의회에 특별위원회가 구성돼 의혹이 제기된 인물들을 조사했지만 무고한 것으로 밝혀졌어요.

하지만 한번 몰아친 광풍은 쉽게 가라앉지 않았습니다. 소련이 핵실험에 성공하고, 중국이 공산화되면서 '적색공포**Red Scare**'가 커지던 차에 매카시의 주장은 기름을 부은 격이 되었어요. 1950~1954년까지 미국을 뒤흔든 반공산주의 광풍을 매카시즘

McCarthyism이라고 합니다.

정부뿐 아니라 사회 각 분야에서 '빨갱이 사냥'이 이뤄지면서 진보적 정치인과 문화예술계 인사들이 공산주의자로 몰렸습니다. 영화 〈모던 타임즈〉(1989)로 유명한 감독 겸 배우 찰리 채플린도 매카시즘의 희생양이 되었어요. 채플린은 공산주의자 혐의로 반미 활동 조사위원회에 소환돼 조사받았고, 유럽에 간 사이 입국이 금지돼 영원히 미국으로 돌아가지 못했습니다. 당시 빨갱이 혐의를 벗지 못하고 공직을 떠난 사람만 5,300명이 넘었으며 수십만 명이 조사받았어요.

매카시즘 광풍이 시작된 1950년은 한국전쟁이 시작된 해이기도 합니다. 같은 민족끼리 서로 싸우고 죽이는 동족상잔의 3년을 보낸 한국에서는 매카시즘보다 더 혹독한 '빨갱이 사냥'이 수십 년간 전개되었죠. 독재정권 시절 권력은 국가보안법을 동원해 시민들의 '사상과 표현의 자유'를 침해했습니다. 민주화 이후에도 생각이 다른 이들을 '종북'으로 몰아붙이는 풍조는 여전합니다.

#매사키_상원의원 #공산주의자 #냉전체제 #무고 #적색공포 #희생양 #사상과_표현의_자유

116

모란봉악단

이제는 자취를 감춘
북한의 걸 그룹

김정은 북한 국무위원장이 2011년 말 집권한 뒤, 국제사회에는 젊은 지도자가 북한에 변화를 몰고 오지 않을까 하는 기대가 싹 텄습니다. 그 기대감은 2012년 7월 6일 열린 '모란봉악단'의 데뷔 공연이 세계의 시선을 모으면서 한껏 부풀어 오릅니다.

'북한판 걸 그룹'으로 불리는 모란봉악단은 몸에 꽉 끼는 짧은 치마와 어깨를 드러낸 드레스 등 파격적인 옷차림으로 현란한 공연을 선보였습니다. 무대에는 미국 애니메이션 캐릭터인 미키마우스 인형이 등장하는가 하면 미국 영화 〈록키〉의 주제가와 미국 팝송 '마이웨이'가 연주돼 세계를 깜짝 놀라게 했습니다. 디즈니 캐릭터 인형을 무대에 올리고 미국 영화 주제가를 연주한 것은 적대 국가인 미국의 사상문화 침투를 단속해 온 북한으로서 상상하기 어려운 대담한 변화였어요. 스위스 유학 경험이 있는 젊은 지도자가 이런 변화의 중심에 있는 것으로 평가되었어요. 북한 매체는 이를 두고 "세계를 향하며, 세계와 교감하는 '열린 음악 정치'"라고 보도했습니다.

　모란봉악단은 전자바이올린을 비롯해 기타, 드럼, 피아노 등으로 구성된 밴드와 가수들로 구성됩니다. 대체로 10여 명의 연주자와 6~8명의 가수가 무대에 등장해 공연을 펼쳐요. 한국 아이돌 그룹의 '칼군무'에는 미치지 못하지만, 과거 북한의 음악그룹과는 비교할 수 없을 정도로 세련되고 화려한 율동을 선보이기도 했습니다.

　모란봉악단은 북한 주민들의 압도적인 인기를 얻었어요. 공연이 북한 TV에서 방영되는 날이면 시내에 통행이 끊기고 상점들도 문을 닫았을 정도라고 해요. 지방 순회공연에서는 장마당에 정상가격의 몇 배나 비싼 암표가 거래되기도 했다고 합니다.

　하지만 모란봉악단은 2020년 설날 공연을 끝으로 무대에서 자취를 감추고 말아요. 2019년 2월 베트남 하노이에서 열린 김정은 위원장과 미국 트럼프 대통령과의 정상회담이 실패로 끝난 것과 관련이 있어 보입니다. 미국과의 협상을 통해 국제사회의 경제제재를 풀고 나라를 개방하려던 북한의 전략이 좌절된 것인데요. 그런 점에서 본다면 모란봉악단은 북한식 개혁개방 전략의 상징물이라고 할 수 있을 것 같네요.

Q　#북한 #열린_음악_정치 #변화 #사상 #문화 #정상회담_실패 #북한식_개혁개방_전략의_상징물

미·소공동위원회

미국과 소련이 대립하지 않았다면 지금쯤 어떻게 됐을까?

2차 세계대전 승전국인 미국·영국·소련의 외무장관은 1945년 12월 16일부터 26일까지 소련 모스크바에서 회의를 개최합니다. 이를 '모스크바 3상 회의'라고 하는데 종전 이후 일본 점령지구에 대한 관리 문제와 한국의 독립 문제를 논의했어요. 여기서 한국의 장래와 관련해 다음과 같은 중대 결정이 내려져요.

먼저 한국에 임시정부를 창설하고 이를 지원하기 위해 미국과 소련이 공동위원회를 구성하기로 했습니다. 또 임시정부와의 협의에 따라 4개국(미국, 영국, 중국, 소련)이 한국을 5년간 신탁 통치하기로 했어요.

알려진 것과 달리 신탁 통치 방안은 소련이 아니라 미국이 제안한 것입니다. 미국은 한국을 20~30년간 신탁 통치한 뒤 독립시킬 계획이었다고 해요. 그런데 한국에는 소련이 신탁 통치 방안을 제안한 것으로 잘못 보도되어 큰 파장이 일었어요. 한국인들은 '식민 지배나 신탁 통치나 마찬가지 아니냐?'며 격한 반응을 보였고, 소련에 대한 오해도 커졌습니다. 많은 친일파가 이 기회를 틈타 '반탁反託(신탁 통치 반대) 운동'에 뛰어들면서 애국자로 둔갑하기도 했어요.

이런 혼란 속에서 미·소 공동위원회 첫 회의가 1946년 3월 20일 서울에서 개최되었습니다. '미소공위'가 원활하게 작동했더라면 통일국가를 세울 수도 있었어요. 하지만 임시정부 수립 방안을 협의할 정당·사회단체 선정을 둘러싸고 미·소가 의견이 엇갈리면서 회의가 중단됩니다. 미국은 반탁 단체도 포함하려 했고, 소련은 반탁 단체의 참여를 반대했던 것입니다. 입장이 엇갈린 이유는 반탁에 미국과 가까운 우익계열이 많았던 반면 사회주의 계열은 찬탁으로 돌아섰기 때문입니다.

결국 미·소 공동위원회는 1947년 10월 2차 회의를 끝으로 결렬되었어요. 그러자 미국은 한국 문제를 유엔으로 이관하자고 주장했고, 소련은 미소 양군 철수와 한국인들에 의한 총선거 실시를 제안했어요. 이처럼 번번이 양국이 대립하면서 한국의 통일 독립 기회는 날아가버립니다. 패전 뒤 4개국에 의해 분할 점령되었지만, 임시정부를 중심으로 정치인들이 똘똘 뭉쳐 분단을 막은 오스트리아와 한반도 상황은 극명한 대조를 이룹니다.

🔍 #미국 #영국 #소련 #모스크바_3상_회의 #신탁_통치 #반탁 #미소공위 #결렬 #임시정부 #분단

베르사유 조약
제2차 세계대전의 불씨가 된
프랑스 파리에서의 약속

1914년 6월, 동유럽 보스니아의 수도 사라예보에서 오스트리아-헝가리 제국의 황위를 계승할 후계자 부부가 한 세르비아계 청년의 총에 맞아 숨집니다. '사라예보의 총성'으로 불리는 이 사건은 오스트리아-헝가리 제국 내부 정치 상황과 유럽 국가 간의 갈등이 맞물리며 제1차 세계 대전으로 번지게 돼요.

전쟁은 '삼국협상' 멤버인 러시아, 프랑스, 영국과 '삼국동맹'으로 불리는 오스트리아-헝가리, 독일, 이탈리아가 맞붙는 구도였어요. 유럽 열강의 식민지였던 아시아, 아프리카의 군인들이 동원됐고, 미국이 삼국협상 편을 들면서 4년 동안 전쟁이 이어졌어요. 전쟁으로 군인만 1,000만여 명이 사망한 것으로 추정되는데 그 이전의 100년간의 전쟁에서 사망한 군인 수보다 많다고 합니다.

전쟁은 1918년 11월 독일이 항복하면서 끝이 났습니다. 같은 해 1월 미국의 우드로 윌슨 대통령은 1차 세계대전 이후 평화 체제 구상을 담은 14개 조항을 발표하는데, 평화 회담 개최, 항행의 자유 보장, 국제기구 창설, 각 민족이 스스로 정치적 운명을 결정할 권리가 있다는 민족자결주의 등이 담겨 있습니다. 윌슨의 제안은 1920년 국제연맹League of Nations 창설로 이어졌어요.

1919년 1월부터 프랑스 파리에서 전쟁 종결과 전후 처리를 위해 승전국들이 개최한 파리 강화 회의에서 윌슨의 14개 조항이 다뤄져요. 일본의 지배를 받던 조선의 독립운동 진영이 독립을 청원하기 위해 김규식 등을 회의에 파견했지만, 유럽 국가들의 무관심과 일본의 방해로 성과를 내지는 못했어요.

파리 강화 회의의 결과 승전국과 독일 간에 체결된 조약이 베르사유 조약Treaty of Versailles입니다. 영국, 프랑스, 일본이 독일의 식민지를 나눠 가지게 됐고, 독일의 영토도 줄어들었어요. 게다가 막대한 배상금이 부과되었죠.

베르사유 조약은 승전국들이 독일을 재기불능 상태로 만들기 위해 지나치게 가혹한 제재를 부과한 것이 특징이에요. 이것이 독일인들의 엄청난 분노를 촉발하며 제2차 세계대전의 불씨가 됩니다.

#국제연맹_창설 #전쟁_종결 #파리_강화_회의 #승전국 #독일 #식민지 #배상금 #세계대전

045

베를린장벽
냉전과 분단,
독일 사이에 놓인 크나큰 벽

2차 세계대전에서 패배한 독일은 미국, 영국, 프랑스, 소련 4개국에 의해 분할 점령됩니다. 독일의 상징인 수도 베를린Berlin도 마찬가지로 4개국이 나눠 점령했어요. 이후 독일은 분단되어 서독과 서베를린은 자본주의 진영, 동독과 동베를린은 사회주의 진영에 편입됩니다. 그런데 베를린이 동독 지역의 한가운데 위치한 탓에 그 반쪽인 서베를린은 고립된 '자유의 섬'이었습니다.

　소련과 동독은 베를린을 동독 땅이라고 주장하면서 1948년 서베를린의 물자이동과 통행을 금지하며 봉쇄합니다. 그러자 미국 등 서방 국가들은 서베를린 상공에서 비행기로 구호물자를 낙하시켜 전달하는 것으로 맞섰어요. 이를 '베를린 공수'라고 해요.

　소련이 서베를린을 장악하려는 이유는 서베를린이 동독 주민들의 탈출 통로가 되었기 때문입니다. 2차 세계대전 패전 이후 1961년까지 250만 명 이상의 동독인이 동독을 떠났습니다. 동서로 분단된 베를린은 '체제 대결의 전시장'이나 다름없던 만큼 소

련과 동독은 주민 탈출을 막는 것이 중요했어요.

1961년 8월 12일 자정 동독군과 경찰이 베를린 국경을 폐쇄하고 철조망을 설치했어요. 철조망은 곧 장벽으로 바뀌었습니다. 장벽으로부터 100m 이내의 건물도 철거되었어요. 155km에 달하는 장벽에는 전기장치를 비롯해 감시탑, 검문소 등이 설치되었어요. 베를린 장벽Die Berliner Mauer은 냉전과 독일 분단의 상징물이었습니다.

1980년대 후반 고르바초프 소련 공산당 서기장의 개혁 정책으로 촉발된 동유럽의 민주화 바람이 동독에도 휘몰아쳤습니다. 1989년 10월 9일 라이프치히에서는 7만 명이 모여 민주화와 자유화를 요구하는 시위를 벌였어요.

동독 정부는 시위대 요구사항 중 하나인 동서독 국경을 완화하기로 했어요. 그런데 1989년 11월 9일 저녁 정책 발표 도중 동베를린 사회주의통일당 서기장 귄터 샤보프스키가 "언제 국경을 개방하느냐"는 기자 질문에 "지금 당장"이라고 잘못 답변합니다. 각국 언론은 "베를린 장벽이 무너졌다"고 보도하기 시작했고, 소식을 듣고 뛰쳐나온 독일인들이 망치로 장벽을 부수기 시작했습니다. 베를린 장벽이 무너진 뒤 11개월 만에 독일이 통일됩니다.

🔍 #독일 #분할_점령 #자본주의_진영 #사회주의_진영 #독일_분단의_상징물 #국경_개방 #통일

베트남전쟁
남베트남 민중의 저항은
전쟁의 도화선이 되어

베트남 다낭은 '경기도 다낭시'로 불릴 정도로 한국인에게 인기 있는 관광지입니다. 다낭이 있는 베트남 중부지역은 베트남전쟁 (1960~1975년)의 격전지이기도 해요. 다낭에서 가까운 옛 왕조 도시 '후에'에서 북쪽으로 좀 더 올라가면 옛 비무장지대DMZ가 나와요. 한반도의 38선처럼 베트남도 한동안 북위 17도선을 경계로 사회주의 북베트남과 서방 진영의 남베트남으로 갈라져 있었습니다.

베트남전쟁은 남베트남민족해방전선NLF이 북베트남의 지원 아래 남베트남 정부, 그리고 미국과 벌인 전쟁이에요. 처음엔 내전의 성격이 강했지만, 미국이 남베트남을 도와 개입했고, 한국, 오스트레일리아, 중국 등이 참전하면서 국제전이 됩니다.

프랑스 식민지였던 베트남은 1946년부터 공산주의 지도자 호찌민의 주도로 프랑스와 전쟁을 벌였어요. 프랑스가 패배해 1954년 7월 제네바 회담에서 휴전 협정이 체결됩니다. 총선거로

통일 정부가 수립될 때까지 북위 17도선을 기준으로 베트남을 분
단하기로 했어요. 그런데 남베트남 정부는 총선 실시를 거부할
뿐 아니라 토지개혁으로 농민들이 분배받은 땅을 회수하는 반민
중적인 정책으로 베트남인들의 불만을 샀어요. 남베트남 민중이
저항에 나선 것이 내전의 도화선이 됩니다.

　　남베트남 정부가 위기에 몰리자 미국은 1965년부터 55만 명
에 이르는 대규모 군대를 파병했지만, 전세를 만회하지 못하고

1973년 철수합니다. 힘의 균형이 깨지자 북베트남이 1975년 4월 30일 남베트남 수도 사이공을 함락하며 무력 통일을 이룹니다.

미군은 네이팜탄 같은 대량살상무기와 고엽제 등 화학무기를 무차별적으로 사용해 국제사회의 비난을 받았어요. 전쟁의 정당성이 의문시되면서 미국 내에서 반전운동도 극심했어요.

베트남전쟁은 한국에도 큰 후유증을 남겼습니다. 한국은 30만 명의 군인을 파병했는데 이 중 1만 6,000명이 죽거나 다쳤고, 참전 군인들도 고엽제 피해 등에 시달렸어요. 퐁니·퐁넛 마을 등에서 한국군이 베트남 민간인을 학살한 사건도 벌어졌어요. 2020년, 이 사건의 피해생존자는 한국 정부를 상대로 손해배상소송을 제기했습니다.

#북베트남 #사회주의 #남베트남 #서방_진영 #제네바_회담 #휴전 #무력_통일 #반전운동

047

병인양요·신미양요

병인년과 신미년
조선에 벌어진 두 번의 난리

16세기 초 크리스토퍼 콜럼버스가 아메리카 항로를 개척한 것을 계기로 유럽인들의 해외 진출이 본격화됩니다. 이를 '대항해 시대'라고도 불러요. 먼저 아메리카 대륙을 정복해 식민지로 삼았어요. 18세기 산업혁명으로 생산력이 급격히 증대하면서 새로운 시장을 찾아 나섰고, 19세기 들어서는 동아시아에까지 서양의 배들이 출몰하기 시작해요. 서구 열강들은 조선에 개항開港, 즉 항구를 열고 교역하자고 요구하지만, 조선은 문을 굳게 닫아걸었죠.

서구 열강의 강압적인 개항 요구는 충돌사태로도 번졌어요. 1866년에는 병인양요, 1871년에 신미양요가 각각 벌어집니다. '양요洋擾'란 서양인들에 의해 벌어진 난리라는 뜻이에요.

병인양요는 조선이 프랑스 선교사와 천주교 신자를 탄압한 사건을 빌미로 프랑스 군대가 조선을 침공한 사건입니다. 프랑스는 병인박해 책임자를 처벌하고 통상을 요구했지만, 흥선대원군이 이를 거부하자 강화도를 침략했어요. 프랑스군은 물러가면서 강화도에 있던 외규장각 의궤儀軌(조선 왕실의 의식과 행사 기록)를 비롯한 도서와 문화재를 약탈해갑니다.

5년 뒤에는 신미양요가 벌어집니다. 1866년 미국 상선 제너럴 셔먼호가 평양 대동강을 거슬러 올라옵니다. 대포로 무장한 셔먼호는 조선과의 무역을 요구했다가 거부당하자 조선군을 붙잡아 배에 감금했어요. 이에 분노한 평양 주민들이 배를 공격해 불태웠어요. 사건의 책임을 묻겠다며 다시 미군이 강화도를 침략했다가 물러간 사건입니다. 이렇게 서구열강이 대포로 무장한 배를 앞세워 아시아 나라에 문호 개방을 요구하는 것을 '함포외교'라고 합니다.

두 차례의 충돌을 겪으면서 조선은 쇄국鎖國정책을 더욱 강화합니다. "서양 오랑캐가 침입하는데 싸우지 않으면 화친하는 것이요, 화친을 주장하는 것은 나라를 파는 것"이라고 쓴 척화비斥和碑도 전국에 설치되었어요.

하지만 대원군의 통상 수교 거부 정책이 급변하던 국제 정세를 제대로 읽지 못했고, 서구 문명을 받아들여 근대화할 시기를 놓친 결정이라는 비판도 있어요. 조선보다 한발 앞서 개항해 근대화를 서두른 일본은 신미양요가 일어난 지 5년 뒤인 1876년 조선에 개항을 요구해 강화도조약을 체결합니다.

Q #대항해시대 #산업혁명 #개항 #박해 #흥선대원군 #강화도 #함포외교 #쇄국정책 #척화비

048

봉오동전투와 청산리대첩

일제 치하에서의 간절한 바람
목숨 바쳐 독립을 이루리라

일제 치하 국내외에서는 무장 독립투쟁이 치열하게 전개됐어요. 1907년 고종이 강제로 물러나고 1910년 일본이 조선을 병합하던 시기에 전국에서 많은 의병이 등장했어요. 이 무렵 함경도에는 홍범도 장군이 있었어요. 호랑이 사냥꾼 출신의 홍범도는 함경도에서 활동하다 중국 간도로 넘어가 1919년 대한독립군을 조직했습니다.

1919년 3·1운동 이후 일제는 국내 독립운동가들을 대대적으로 탄압했고, 만주 지역도 예외는 아니었어요. 독립운동가를 마구 체포했고 현장에서 사살하는 일도 많았습니다.

홍범도의 대한독립군은 1920년 추격해 오는 일본군과 중국 화룡현 봉오동에서 결전을 벌이기로 했어요. 두만강 부근의 봉오동은 조롱박 모양의 분지였는데 이곳으로 일본군을 유인한 뒤 집중 공격을 펼쳐 승리했어요. 봉오동전투는 독립군이 일본 정규군과 싸워 최초로 승리를 거머쥔 전투였습니다.

대한독립군은 김좌진이 이끌던 북로군정서와 함께 중국 지린[吉林]성의 청산리 계곡에서 일본군과 다시 한 번 큰 전투를 벌였어요. 여러 독립군 부대가 연합해 1주일간 10여 차례의 전투를 벌였다고 해요. 수적 열세에도 독립군은 일본군 1,200명을 사살하는 대승을 거뒀어요. 이를 청산리대첩이라고 합니다.

그러자 일본은 독립군의 활동 근거지를 없애려고 간도의 조선인 마을을 약탈하고 사람들을 무차별 학살했어요. 수개월간 이뤄진 이 학살을 간도참변이라고 부릅니다. 독립군들은 활동 근거지를 소련 땅으로 옮겼고, 홍범도도 연해주로 이동했어요. 그런데 소련은 1937년 연해주의 한국인들을 카자흐스탄으로 강제 이주시켰고, 홍범도도 그곳에서 고려인으로 살아갔어요.

홍범도가 1943년 카자흐스탄에서 눈을 감은 지 78년 만인 2021년 그의 유해가 고국 땅으로 돌아왔어요. 비록 늦었지만, 조국 독립에 평생을 바친 이들의 유해를 모셔 와 그 뜻을 기리는 건 의미가 큽니다. 이름이 잘 알려진 독립운동가들 외에도 많은 무명의 운동가들이 독립에 헌신했고, 그 바탕 위에 오늘의 한국이 있음을 기억해야 합니다.

🔍 #무장 #독립투쟁 #의병 #홍범도_장군 #대한독립군 #간도참변 #연해주 #카자흐스탄 #고려인

049

북한이탈주민
삶을 보호받기 위한 선택
그리고 목숨을 건 탈출

1983년 2월 25일 오전, 서울 거리에 느닷없이 경보 사이렌이 울렸어요. "이것은 실제 상황입니다"라는 민방위본부의 다급한 경고에 시민들은 "또 전쟁이 났느냐"며 불안에 떨었죠. 실제 상황이 맞긴 했어요. 북한 공군 장교 이웅평이 미그-19 전투기를 몰고 남한으로 귀순했던 것입니다. 당시만 해도 남북 간의 격차가 크지 않아 북한에서 탈출해 한국으로 오는 일이 드물었던 만큼 큰 화제가 되었어요.

1980년대 말 사회주의권 붕괴로 북한 경제가 급격히 나빠지면서부터는 북한에서 탈출하는 주민이 늘어났어요. 1990년대 중반 대규모 홍수와 가뭄이 잇따르며 식량난이 심각해지자 탈북 규모도 커졌습니다. 식량을 구하러 두만강과 압록강을 건너 중국에 갔다가 한국으로 오게 된 이들이 많아요. 친척들이 사는 중국에 가는 것이 처음엔 큰 범죄는 아니었지만, 점차 목숨을 건 탈출이 되면서 북한이탈주민들은 한국행을 택하게 됩니다. 삶을 보호받기 위한 선택이었죠. 한국 정부도 1997년 '북한이탈주민의 보호 및 정착지원에 관한 법률'을 만들어 수용 태세를 갖춥니다.

한국에 정착한 북한이탈주민은 3만 2,000명(2021년 '남북하나재단' 조사)에 달해요. 북한이탈주민 정착 실태 조사를 보면 40대(28.5%) 북한이탈주민이 가장 많았고 30대(24.5%), 50대(21.1%), 20대(12.3%) 등의 순으로 나타났습니다. 76.5%가 남한 생활에 만족한다고 응답했으며, 더 나은 생활을 위해 필요한 지원으로 취업과 창업지원(24.8%), 의료지원(20.6%), 주택 관련 지원(13.8%) 등을 꼽았습니다.

한국에서 번 돈을 북한의 가족들에게 보내는 이들도 적지 않아요. '브로커'라고 불리는 중개인을 통해 보내는 돈만 연간 1인당 약 1,000~4,000달러라고 해요. 제대로 송금이 되었는지 확인하기 위해 이들은 북한의 가족들과 전화 통화도 합니다. 이런 과정에서 북한 주민들은 자연스럽게 한국 사정을 알게 됩니다.

미국이 북한인권법을 2004년에 제정하는 등 국제사회의 탈북인에 대한 관심이 커지자 한국을 떠나 미국과 유럽에서 정착하는 이들도 나타났어요. 영국 런던 남서부의 뉴몰든New Malden에는 탈북인 800여 명이 집단촌을 이뤄 살고 있어요. 탈북인들이 제3국으로 이주하는 이유는 뭘까요? 한국 사회가 살기 팍팍하기 때

🔍 #귀순 #탈북 #정착지원 #브로커 #두만강 #압록강 #간첩 #차별 #편견 #탈북자 #새터민

문입니다. 2013년 서울시 공무원 간첩 조작 사건에서 보듯 정부
가 탈북인들을 정치적으로 이용하는 일도 있었어요. 차별과 편견
이 싫어 차라리 얼굴도, 말씨도 다른 곳에서 새 삶을 꾸리는 편이
낫다고 여기는 탈북인이 의외로 많다고 해요.

2013년 국가정보원은 탈북인인 서울시청 공무원 유우성 씨가 탈북인 정보를 북
한에 넘기는 등 간첩 활동을 했다고 주장했어요. 유 씨는 긴급체포 되고 국가보안
법 위반 혐의로 구속 기소됐으나, 검찰이 재판에 증거로 제출한 중국 정부의 문서
가 위조됐다는 사실이 밝혀지면서 관련 혐의에 대해 무죄를 선고받았습니다.

비무장지대(DMZ)

인간의 자취가 끊긴 중무장지대, 이제는 실질적인 평화지대로

정전협정은 임진강 하구에서 강원도 고성에 이르는 248km의 군사분계선(휴전선)에서 남북으로 각각 2km 이내, 총 4km의 구역을 비무장지대Demilitarized Zone, DMZ로 정했습니다. 무력 충돌을 막는 평화지대인 만큼 군대의 주둔이나 무기 배치, 군사시설의 설치를 금지했어요. 군사적 목적의 출입도 금지하고 출입 인원도 1,000명을 넘지 않도록 했죠.

하지만 남북은 이에 아랑곳하지 않고 비무장지대에 진지와 감시초소를 구축하고 박격포와 고사총, 중기관총을 반입해 '중무장 지대'로 만들었어요. 비무장지대에서 총격전을 벌이거나 특수부대를 침투시켜 상대방을 공격했어요. 미국 외교협회의 통계를 보면 1961년부터 2001년까지 한반도에서 1,436회의 군사적 충돌이 발생해 남·북·미군 1,554명이 숨지고 1,161명이 부상했다고

#휴전선 #군사분계선 #정전협정 #평화지대 #북파공작원 #지뢰 #민간인 #군인 #감시초소

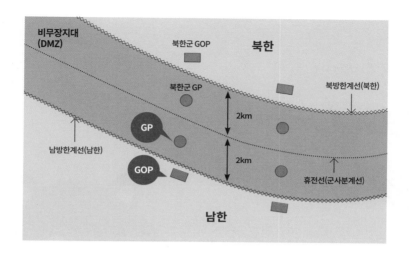

합니다.

정전협정 이후 1998년 6월 말까지 남북의 정전협정 위반 건수는 각각 40만 차례가 넘어요. 북한이 남한으로 특수부대들을 보냈고, 남한도 북한으로 '북파공작원'들을 보냈어요. 게다가 비무장지대에는 100만 개가 넘는 지뢰가 묻혀 있어 휴전 이후에도 많은 군인과 민간인들이 죽거나 다쳤어요.

문재인 대통령과 김정은 국무위원장은 2018년 4월 판문점 남북정상회담에서 합의했습니다. '비무장지대를 실질적인 평화지대로 만들어나가기로 하였다'고요. 9월 평양 정상회담에서는 비무장지대의 감시초소GP 중 서로 거리가 가까운 11개를 시범 철수하기로 합의했습니다. 이에 따라 북한은 감시초소를 폭파했고, 남한은 굴착기로 초소를 철거했어요. 남북 간의 군사적 긴장 완

화가 큰 걸음을 내디뎠던 것입니다. 하지만 북·미 협상이 난항을 겪으면서 남북 관계에도 먹구름이 드리워지자 그 이상의 진척을 보지는 못했습니다.

비무장지대는 70년 가까이 인간의 자취가 끊기면서 세계적인 자연생태 지역이 되었어요. 비무장지대에는 사향노루, 두루미, 담비, 돌상어 등 멸종위기 생물 101종(2017년 국립생태원 조사)이 서식하고 있어요. 분단이 만들어낸 역설인 셈이죠. 남북의 사이가 다시 좋아져 비무장지대가 유네스코 세계자연유산World Heritage 목록에 오를 수 있으면 좋겠어요.

비무장지대에는 어떤 동물과 식물이 살고 있을까요? 남한 전체 면적으로 보자면 8.1%이지만 한반도에 서식하는 전체 동식물의 30%, 멸종위기 101종을 포함해 야생생물 5,929종이 이곳에 살고 있다고 합니다. 호랑이에 이어 최상위 포식자인 담비가 대표적이죠. 족제빗과에 속하는 담비는 몸집은 삵과 비슷하지만 덩치가 훨씬 큰 노루나 멧돼지도 잡아먹는다고 해요. 한강 하구 넓은 습지에는 두루미, 재두루미, 흑두루미 등 각종 철새가 날아들고요, 독수리도 옵니다. 식물들도 많아요. 금강초롱꽃과 같은 고유 식물과 산작약, 매화마름 같은 멸종 위기종도 서식하고 있다고 합니다.

삐라
남북 관계 개선과 주민들의 안전
그리고 표현의 자유 사이

'삐라'라는 말을 들어본 적 있나요? 그림이나 글씨를 인쇄한 종 잇조각을 뜻하는 일본어입니다. 이는 한국전쟁을 거치면서 남북 이 상대방에게 뿌리는 선전 전단을 가리키는 말로 굳어졌어요. 할아버지, 할머니 중에는 삐라를 직접 본 분도 있을 거예요.

한국전쟁 당시 미군과 북한군은 상대 군인들에게 '투항을 권 하는' 내용 등이 담긴 전단을 살포했어요. 3년간 뿌려진 전단은 28억 장, 한반도 전역을 무려 20번 이상 덮을 수 있는 양이었어 요. 그 후로도 남북은 서로 전단을 날리곤 했는데 요즘은 한국의 보수 시민단체들이 군사분계선 부근에서 애드벌룬에 매달아 북 으로 보내는 경우가 대부분입니다. 북한 체제와 권력층을 비난하 는 내용들이 주로 담기는데 가끔은 1달러 지폐나 동영상 DVD를 함께 보내기도 해요.

Q　#전단 #애드벌룬 #보수_시민단체 #군사분계선 #비난 #비방 #판문점선언 #표현의_자유

그런데 한반도에서 바람은 북서쪽에서 불어오는 경우가 많아요. 그러니 북쪽으로 날아갈 확률이 낮고, 강화도나 의정부에 되돌아오는 일도 다수입니다. 북한이 전단 애드벌룬에 사격해 접경지역 주민들이 위험에 처한 일도 있어요.

남북은 정상회담이 열릴 때마다 상호 비방·중상 중단을 약속했어요. 2018년 4월 판문점선언에서도 전단 살포를 중지하기로 했습니다. 하지만 전단 살포가 이어지자 북한은 앞에서 봤듯이 남북공동연락사무소 건물을 폭파하는 강경 대응으로 맞섰어요.

정부가 뒤늦게 2020년 대북 전단 살포를 처벌하는 법을 만들자 한국 사회에서는 '표현의 자유'를 침해한다는 논란에 휩싸였어요. 남북 관계 개선과 접경지역 주민 안전을 위해 전단을 적절히 규제하는 것이 맞는지, 표현의 자유는 무슨 일이 있어도 지키는 것이 맞는지 논란이 여전히 분분해요. 참고로 독일의 경우를 보면, 분단 시절 서독이 동독으로 몰래 전단을 날렸다가 시민들의 비판이 커지자 전단 살포를 중단했어요.

 자신의 생각과 견해를 자유롭게 외부에 표현할 수 있는 자유를 표현의 자유라고 합니다. 표현의 자유는 헌법으로 보장됩니다. 헌법 21조에는 '모든 국민은 언론·출판의 자유와 집회·결사의 자유를 가진다' '언론·출판에 대한 허가나 검열과 집회·결사에 대한 허가는 인정되지 아니한다'고 돼 있습니다. 동시에 '타인의 명예나 권리 또는 공중도덕이나 사회윤리를 침해해서는 아니 된다'라는 조항으로 그 한계도 규정해뒀어요.

사이버안보

사이버 전쟁과 사이버 보복, 이제는 전쟁도 사이버 공간에서

러시아가 우크라이나 침공에 앞서 사전 준비로 우크라이나의 정부 부처와 은행 등의 시스템에 대해 사이버 공격을 펼친 것을 알고 있나요? 전쟁 중에도 러시아는 인터넷 연결을 방해하기 위해 대규모 사이버 공격을 펼쳤어요.

흔히 전쟁이라고 하면 소총과 대포, 비행기, 미사일 등을 동원한 전투를 떠올리게 되지요. 현대전은 사이버 공간에서도 펼쳐집니다. 무기들이 갈수록 고도화·디지털화되면서 이를 제어하기 위한 위성이나 광역통신망도 필수 장비에 속해요. 그런데 사이버 공격으로 교란하거나 마비시키면 첨단무기가 무용지물이 될 수도 있어요. 사이버 공간이 전세를 좌우할 주요 전쟁터로 되어가고 있는 셈입니다.

전쟁 상황까지 가지 않아도 사이버 공간은 일상생활을 유지하는 데 매우 중요해요. 2021년 10월 KT의 유무선 통신망이 장애를 일으키면서 큰 혼란이 벌어졌습니다. 휴대전화가 연결이 안

되고 은행 결제가 정지됐어요. 은행, 병원, 약국, 상점, 교육, 운송이 멈춰 섰어요. 불과 1시간이었지만 우리 생활이 얼마나 온라인에 의존하고 있는지 깨닫는 계기가 됐습니다.

사이버 공간이 중요해지니 각 나라들은 사이버 안보 체계를 갖추기 위해 힘을 기울이고 있어요. 사이버안보 수준이 높은 나라로는 미국, 중국, 러시아, 이스라엘, 북한이 꼽힙니다. 영국 국제전략문제연구소IISS에 따르면 사이버 전략, 지휘체계, 정보력 등을 기준으로 평가했을 때 1등급은 미국이었고, 러시아, 영국, 이스라엘, 중국이 2등급에 속했습니다. 북한, 이란, 일본은 3등급이었어요.

특히 북한은 '사이버전 전담 부대'를 육성하는 등 사이버 공격 능력을 강화하고 있다고 해요. 몇 해 전 청와대 홈페이지와 암호화폐거래소와 한국수력원자력이 잇따라 북한의 소행으로 추정되는 해킹을 당한 일이 있어요. 2014년 11월, 김정은 국무위원장을 암살하는 내용을 다룬 소니 픽처스의 영화 〈인터뷰〉(2014) 개봉을 앞두고 소니 픽처스 직원의 이메일과 개인정보는 물론 미공개 영화의 내용이 해킹되는 사건이 발생했어요. 이는 영화 내용에 불만을 품은 북한의 사이버 보복으로 알려졌습니다.

Q   #인터넷 #사이버_공격 #현대전 #사이버전 #위성 #광역통신망 #첨단무기 #해킹 #사이버_보복

서해 북방한계선(NLL)
바다에도 경계선이 있나요?

남북의 경계선은 육지에는 뚜렷하지만 바다는 어떨까요? 실은 정전협상에서 바다 위의 남북 경계선은 확정짓지 못했어요. 정전협정에는 백령도, 연평도, 대청도, 소청도, 우도 등 서해 5개 섬을 유엔군이 관할한다고만 되어 있습니다.

섬은 그렇다고 해도, 섬 주변의 바다는 남과 북 어디에 속하는 건지 여전히 혼란스러워요. 그래서 정전협정을 체결한 지 한 달이 지난 1953년 8월 30일에 클라크 유엔군 사령관이 남북 간 충돌방지를 위해 서해 북방한계선Northern Limit Line, NLL을 선포했어요. NLL은 한국군이나 선박이 올라갈 수 있는 상한선이라는 뜻인데, 북한과 협의하지 않고 만든 선일 뿐 정식 분계선으로 볼 수는 없어요. 북한은 북한대로 NLL의 남쪽에 선을 그어놓고 해상분계선이라고 주장하고 있습니다.

바다의 남북 경계가 이렇게 애매하게 되어 있으니 남북 간 충돌이 잦을 수밖에 없겠죠. NLL이 그어진 해역은 꽃게 어장으로

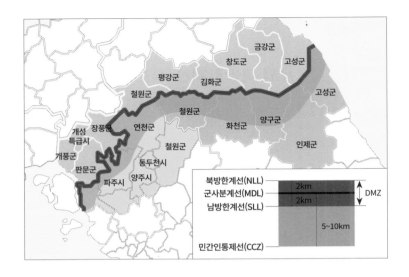

유명해 5~6월이 되면 남북 어선은 물론 중국 어선들까지 뒤엉키는 사태도 심심치 않게 발생했습니다. 꽃게잡이에 정신이 팔려 어선들이 경계를 넘어가는 일도 적지 않았고요. 1999년과 2002년, 2009년에 남북 해군이 충돌한 연평해전이 세 차례 발생했고, 2010년에는 북한이 연평도에 포격을 해 민간인을 포함해 4명이 숨지는 비극이 벌어졌어요.

남북의 '화약고'인 서해 문제를 놓고 남북은 여러 차례 해결 방안을 모색했어요. 노태우 대통령 때인 1992년, 남북은 "남과 북의 해상불가침 경계선을 앞으로 계속 협의"하기로 합니다. 이후 2007년 노무현 대통령과 김정일 국방위원장이 정상회담에서 서해평화협력특별지대 설치를 합의해요. 남북 어선이 어울려 고기를 잡을 수 있는 공동어로구역을 설치하고 남측 선박들이 북한 해주에 가까운 항로를 이용할 수 있도록 하는 내용이었어요. 2018년 9월 남북이 채택한 군사합의에서도 서해 NLL 일대를 평화수역으로 만들기로 했습니다. 이 합의 역시 남북 관계가 다시 냉랭해지면서 후속 논의가 멈춘 상태입니다.

054

소년병

전쟁에 동원된 아이들
저는 군인이 아니라 어린이입니다

우리가 책을 읽고 음악을 듣고 학교에 가는 평범한 일상을 보내는 지금도 전 세계 어린이 6명 중 1명은 분쟁지역에서 지내고 있어요. 집과 거리, 학교에서도 위험에 노출된 채 전쟁의 폭력에 희생되기도 하고, 식량이 없어 굶주리기도 합니다.

이들 중에는 전쟁터에서 물을 긷고 요리하며 우편을 전달하고 스파이 역할을 하거나 심지어 직접 총을 들고 싸우는 어린이들도 있어요. 2005년부터 2020년 사이 약 9만 3,000명의 어린이가 전쟁에 동원되고 있다고 합니다.

무력 충돌에 어린이들을 동원하는 것은 국제적으로 금지되어 있어요. 유엔은 2002년 '아동의 무력 충돌 참여에 관한 아동 권리 협약 선택의정서'에서 징병이나 참전을 위한 최소 연령을 18세로 한 바 있어요. 18세 미만의 미성년 병사를 소년병少年兵이라고 부릅니다.

어린이들은 무장단체에 납치되거나 강요에 의해 소년병이

됩니다. 먹고 살길이 막막해 소년병을 선택하는 어린이도 있어요. 소년병들은 자살 폭탄테러에 이용되거나 인간 방패가 되는 일도 있습니다. 여자 어린이는 성적 폭력의 대상이 되기도 해요. 이슬람 무장단체 이슬람국가IS가 소수민족인 야지디족 어린이들을 납치해 성노예로 삼아 국제사회의 공분을 샀습니다.

운 좋게 전장을 벗어나 집으로 돌아왔다고 해도 극심한 트라우마에 시달리거나, 가족과 지역 공동체의 외면을 받기도 합니다. 적절한 교육과 보호를 받지 못해 직업을 구하지 못하거나 사회생활을 하기 힘든 사례도 있고요.

소년병은 남의 나라의 이야기만은 아니에요. 한국전쟁 때도 2만 9,000여 명에 이르는 학생들이 '학도의용군'이란 이름으로 전쟁에 동원되었기 때문이죠.

매년 2월 12일은 유엔이 정한 '세계 소년병 반대의 날'입니다. 이날은 '붉은 손의 날Red Hand Day'로 불리기도 합니다. 붉은 색칠을 한 손바닥 도장을 종이에 찍는 방식으로 운동을 벌였던 것에서 유래해요. 어린이들의 손에서 총이 사라질 날을 위해 붉은 손바닥 도장을 찍어보는 건 어떨까요.

🔍 #분쟁지역 #전쟁_동원 #미성년_병사 #무장단체 #납치 #생활고 #학도의용군 #붉은_손의_날

시리아 내전

10년 넘게 이어진 전쟁, 일상과 생명을 위협하는 지뢰 같은 삶

국민이 서로 갈라져 10년간 전쟁을 벌이고 있는 나라가 있습니다. 그동안 사망한 민간인이 22만여 명이나 되고 570만 명 이상이 고국을 떠나 난민이 되었어요. 나라 안에서도 고향을 떠나야 했던 실향민까지 합하면 1,200만여 명에 달합니다. 이 나라는 아라비아반도 북쪽에 위치한 시리아입니다. 왜 세계에서 가장 많은 난민이 생길 정도로 끔찍한 내전이 벌어진 걸까요?

2010년 말부터 튀니지, 모로코, 이집트, 알제리, 예멘 등 아랍 여러 국가에서 '아랍의 봄'으로 불리는 민주화 시위가 벌어집니다. 대부분 독재정권이 장기 집권하고 있었는데, 부정부패가 심했고 시민들의 살림살이는 무척 어려웠어요.

국제 밀값이 폭등하자 젊은 청년들을 중심으로 반정부 시위가 벌어지기 시작했죠. 독재자를 물리치고 민주화를 이룬 국가도 있었지만, 시리아는 상황이 달랐어요.

아버지의 권력을 물려받아 집권한 바샤르 하페즈 알아사드

시리아 대통령은 남서부 도시 다라에서 대통령을 비판하는 글을 낙서한 학생들을 가혹하게 처벌했어요. 그러자 알아사드 정권의 독재에 반대하는 시민들이 전국에서 시위를 벌였어요. 알아사드 대통령이 시위대에 강경하게 대응하면서 내전으로 번지게 됩니다. 반정부 시위대가 주축이 된 반군과 정부군의 대치가 이어졌고, 혼란을 틈타 이슬람국가IS가 개입했어요. 소수 민족인 쿠르드족 민병대도 무장투쟁에 나섰습니다.

　이처럼 국제 사회가 개입하면서 전쟁의 양상이 복잡해졌어

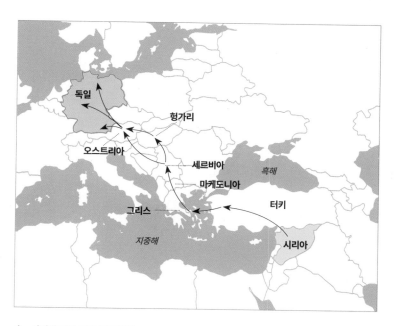

↑　시리아 난민 주요 이동 경로

요. 러시아는 정부군을 지원하고, 미국은 IS 격퇴를 명분으로 개입합니다. 미군이 쿠르드족과 손을 잡고 IS 격퇴전에 나서자 쿠르드족을 견제하기 위해 튀르키예도 참전합니다.

전쟁으로 시리아인들은 말할 수 없는 고통을 받고 있어요, 전쟁의 가장 큰 피해자는 언제나 어린이들이에요. 학교에도 못 가고 난민이 되어 떠돌거나 전쟁에 동원되기도 합니다. 2015년 튀르키예의 한 해변에서 숨진 채 발견된 다섯 살 소년 아일란 쿠르디도 시리아 난민이었어요. 하루라도 빨리 전쟁이 끝나기를 바랍니다.

Q #아라비아반도 #시리아 #난민 #내전 #아랍의_봄 #민주화 #독재 #반정부_시위 #민병대

시베리아 횡단열차

아시아와 유럽을 잇는 철도,
기차 타고 유럽에 가는 날이 올까?

1936년 8월 9일, 베를린 올림픽 마라톤 경기에 출전한 손기정 선수가 42.195km를 2시간 29분 19초에 달려 세계신기록을 세우며 우승했어요. 일제 강점기였으니 손기정은 조선이 아닌 일본 대표로 출전해야 했어요. 가슴에 일장기가 선명한 유니폼을 입고 시상대에 오른 손기정의 사진을 국내 신문들이 일장기를 지우고 실었다가 일제에 의해 신문이 몇 달씩 발행이 중단되는 곤욕을 치렀어요.

손기정이 베를린으로 갈 때 탔던 열차가 시베리아 횡단열차입니다. 일본 도쿄에서 훈련 중이던 손기정은 일본에서 연락선을 타고 부산에 도착했어요. 부산에서는 국제열차를 타고 경성(서울)-평양-신의주를 거친 뒤 압록강 철교를 건너 중국 신징(현재의 장춘)에 도착했어요. 신징에서 열차를 다시 두 번 갈아탄 뒤 러시아(당시는 소련)의 치타 역에서 시베리아 횡단열차를 타고 베를린까지 이동했습니다.

시베리아 횡단철도는 아시아와 유럽을 잇는 세계 최장 구간의 철도노선으로 1891년 착공돼 1916년에 개통되었어요. 러시아 수도 모스크바 야로슬라브스키역에서 극동지역의 블라디보스토크역까지 거리가 9,288km로 지구 둘레(4만75km)의 4분의 1에 달하는 어마어마한 길이입니다. 블라디보스토크에서 모스크바까지 쉬지 않고 간다고 해도 꼬박 7박 8일이 걸릴 정도죠. 시베리아 횡단철도는 끊임없이 이어지는 자작나무 숲과 지구에서 수심이 가장 깊은 호수인 바이칼호 등 차창 밖으로 펼쳐지는 대자연을 감상할 수 있는 게 매력이죠. 열차가 지나는 블라디보스토크나 우수리스크. 하바롭스크 등 연해주 지방은 나라를 빼앗긴 조선 백성들의 터전이자 독립운동의 근거지이기도 했어요.

남북은 2018년 4월 판문점선언에서 동해선·경의선 철도를 연결하기로 하고 북측 철도 구간 공동조사를 시행했어요. 사업이 순조롭게 이뤄졌더라면 부산과 목포에서 출발한 열차가 평양, 나진을 거쳐 시베리아 횡단철도로 유럽까지 갈 수 있었을 거예요. 상품을 유럽까지 배로 실어 나르려면 40일이 걸리지만 철도로는 보름이면 충분하니 화물 교역 면에서도 장점이 있어요. 하지만 남북 관계가 나빠지고 러시아와 우크라이나 전쟁까지 벌어진 탓에 '기차를 타고 유럽 가는' 일은 당분간 이뤄지기 어렵게 되었습니다.

Q #아시아 #유럽 #철도노선 #러시아 #판문점선언 #동해선 #경의선 #화물_교역 #남북_관계

050

신냉전
중국의 도전장, 안보에 대한 도전 그리고 철의 장막

1991년 소련이 붕괴하고 동서 간 이념 대립에 마침표가 찍히면서 냉전은 종식됩니다. 소련이 몰락한 이후 미국이 명실상부하게 세계의 패권을 쥐게 되죠. 미국 정치학자 프랜시스 후쿠야마는 이를 두고 '역사의 종말'이라고 표현하기도 했어요. 앞으로는 역사적 변화 없이 미국과 자본주의 국가들이 주도하는 세계 질서가 평화롭게 이어질 것이라는 뜻이었어요.

하지만 국제 질서는 그의 예상과는 다르게 흘러가고 있어요. 2008년 금융위기 이후 미국 주도의 체제에 중국이 도전장을 내밀며 '신냉전'이라는 말이 등장하기 시작합니다. 중국은 사회주의 체제를 유지하면서 과감한 개혁·개방을 통해 40여 년 만에 세계 2위 경제 대국으로 성장했어요. 중국은 이제 미국과 함께 'G2Group of two'로 불립니다.

중국은 막강해진 경제력을 바탕으로 국제 사회에서 세력을 키워나갔어요. '대국굴기大國崛起', 즉 '대국이 일어서다'라는 말처럼 큰 나라로 우뚝 선 중국은 아시아와 아프리카 여러 나라에 인프라나 자본을 지원하면서 영향력을 확대해가고 있어요. 미국은 중국의 움직임을 위협으로 간주하면서 도널드 트럼프 대통령 때부터 견제에 나서기 시작했습니다.

현재 두 나라는 곳곳에서 갈등하고 있어요. 중국은 동북아시아에서 북한 문제를 둘러싸고 미국·일본과 대립하는 상황입니다. 미국은 중국이 앞바다로 간주하고 있는 남중국해에서 '항행의 자유'를 앞세우며 중국을 견제하고 있습니다. 중국은 '하나의 중국' 원칙을 내세우며 대만을 독립 국가로 인정하지 않는 데에 반해 미국은 중국이 대만을 침공하면 군사개입을 하겠다는 의지를 보이고 있어요. 대만 문제로 동아시아에서 군사적 긴장이 커집니다.

러시아가 우크라이나를 무력으로 침공하면서 서방 국가와 러시아·중국의 대립은 더욱 격해지고 있습니다. 2022년 7월 열린 서방 군사동맹인 나토는 러시아를 '가장 심각하고 직접적인 위협'으로, 중국을 '안보에 대한 도전'으로 규정했어요. 중국은 이를 '냉전적 사고와 이데올로기적 편견'이라며 반발했습니다. 중국·러시아와 서방 사이에 다시 '철의 장막'이 드리워지고 있는 셈이에요.

Q #냉전_종식 #패권 #역사의_종말 #미국 #중국 #새로운_냉전 #견제 #갈등 #이데올로기

야스쿠니 신사
전쟁 범죄의 파렴치함을
죽음으로 씻어서는 안 돼

매년 광복절을 전후로 일본 총리나 정치인들이 야스쿠니 신사를 참배하거나 공물을 바치면, 한국 정부가 이에 유감을 표명하는 일이 되풀이됩니다. 대체 야스쿠니 신사가 무엇이기에 한일 정부가 공방을 벌이는 걸까요?

일본의 수도 도쿄 중심부에 있는 야스쿠니 신사神社는 청일전쟁·러일전쟁, 제2차 세계대전 등 근대 이후 일본이 벌인 전쟁에서 숨진 전사자들을 신격화해 제사를 지내는 일본 최대 규모의 사당입니다. 246만 명의 명부가 보관되어 있어요. 그런데 명부에는 태평양전쟁을 일으킨 A급 전쟁범죄자 14명도 포함되어 있습니다.

일본에는 자연현상이나 인간의 활동에는 제각기 이를 관장하는 신이 있다고 믿는 고유의 종교인 신도神道가 있습니다. 신도에서는 사람이나 동물, 물건도 신이 될 수 있다고 가르쳐요.

야스쿠니 신사에 명부가 보관된 군인들도 군신軍神으로 받들어지고 있는 것입니다. 이는 군인들에게 죽음을 각오하고 싸우게 만드는 효과가 있습니다. 일본이 태평양전쟁 막바지에 '가미카 제[神風]'나 '가이텐[回天]' 같은 자살특공대를 만들 수 있었던 배경이기도 해요. 가미카제는 조종사가 전투기를 타고 미군 군함을 직접 들이받는 자살 공격을 가리킵니다. 가이텐은 군인이 직접 타고 조종해 적함을 들이받도록 만든 어뢰입니다. 자살 공격을 앞둔 군인들에게는 군신으로 받들어질 수 있다는 것이 유일한 위안이었을 겁니다. 실제로 야스쿠니 신사에는 출격을 앞둔 특공대원들이 "죽어서 야스쿠니에서 만나자"고 쓴 유서가 전시되어 있어요. '군국주의의 광기'란 말을 떠올리게 합니다.

일본은 패전 이후 평화 헌법을 만들고 다시는 전쟁하지 않겠다고 다짐합니다. 그런데도 일본 총리와 정치인들이 야스쿠니 신사에 참배하거나 공물을 바치는 것은 A급 전범의 혼령 앞에서 일본인을 대표해 존경과 추모의 뜻을 표시하는 셈이 되죠. 전사자의 유족이나 후손이 참배하는 것과는 전혀 다른 차원이라 할 수있어요.

일본이 제2차 세계대전을 함께 일으킨 독일에 비해 반성이 부족하다는 평가를 받는 이유로 야스쿠니 문제가 꼽히기도 합니다.

Q #참배 #전쟁범죄자 #전범 #신격화 #가미카제 #자살특공대 #패전 #평화_헌법 #반성

연합훈련

한국과 미국
두 나라가 함께하는 군사훈련

매년 3~4월과 8월이 되면 한국군과 미군이 합동으로 대규모 훈
련을 실시합니다. 3월에는 키리졸브Key Resolve 연습, 4월에는 독수
리FE훈련, 8월에는 을지프리덤가디언UFG 연습이 실시됩니다. 남
북 관계가 좋던 문재인 정부 때는 규모를 축소했다가 윤석열 정
부 들어 다시 강화되는 추세입니다.

한·미 연합훈련은 한미상호방위조약에 근거해 1954년부터
실시되었어요. 규모가 커진 건 1976년 팀 스피릿 훈련 때부터입
니다. 1975년 헬싱키 협정으로 유럽에서 대규모 훈련을 실시하기
어려워지자 한반도를 대체 훈련장으로 삼은 것이라고 해요. 훈련
이 실시될 때마다 북한은 "공화국 북반부를 선제타격하려는 전
쟁 연습"이라며 반발합니다. 반면, 한국과 미국은 정례적인 훈련
인데 괜한 트집을 잡는다고 반박합니다. 그런데 아무리 통상 훈
련이라고 해도 많을 경우 수십만 명의 한·미 군인들이 상륙작전,
공수 낙하 훈련 등을 대규모로 전개하는 것이 북한으로서는 달가

울 리 없겠죠.

실제로 한·미 연합훈련은 한반도 정세를 좌우하는 요인 중 하나로 꼽힙니다. 냉전이 해체되던 1990년 남북이 고위급회담을 연 자리에서 북한은 팀 스피릿 훈련을 몇 년 만이라도 중단해달라고 했어요. 한·미가 이를 받아들여 훈련 중단을 결정하자 남북 관계가 큰 걸음을 내딛습니다. 남북기본합의서와 한반도 비핵화 공동선언이 채택된 것이죠. 그러나 한·미가 다시 훈련을 재개하기로 하자 북한은 핵확산금지조약 탈퇴를 선언하면서 북핵 위기가 시작됩니다. 이렇게 보면 안보를 위해 실시한 연합훈련이 오히려 한반도를 불안하게 하고 평화와 멀어지게 했다고 볼 수 있어요.

2017년 12월19일 문재인 대통령이 강릉행 KTX 열차 안에서 미국 TV 방송과 인터뷰를 통해 평창동계올림픽 기간에 합동군사훈련을 연기할 수 있다고 밝힙니다. 그러자 열흘쯤 뒤인 2018년 1월1일 북한 김정은 국무위원장은 신년사에서 평창올림픽 참가 방침을 밝혔어요. 한미 훈련 중단이 남북 관계 개선에 기폭제가 된 사례입니다.

Q   #한국군 #미군 #한미상호방위조약 #남북기본합의서 #한반도_비핵화_공동선언 #핵확산금지조약

열병식

발 맞춰 보여주네
군과 정부에 충성!

해마다 2월 8일(북한 인민군 창건일), 4월 15일(김일성 주석 생일), 10월 10일(노동당 창건일)이 되면 전 세계의 외신의 시선이 북한으로 쏠려요. 이날은 북한이 평양의 김일성 광장에서 대규모 열병식을 벌이기 때문인데요. 여기서 신형 무기들이 공개되곤 해요. 북한 군사전략의 의지와 방향을 가늠하는 분석 자료가 되기 때문에 전문가들은 촉각을 곤두세웁니다.

국어사전에서는 열병식閱兵式을 '정렬한 군대의 앞을 지나면서 검열하는 의식'이라고 풀이해요. 군인들이 한 치의 어긋남 없이 줄을 맞춘 채 힘차게 걸어가는 모습을 TV에서 본 적이 있을 거예요. 특히 중국이나 북한 등 사회주의 국가에서는 대대적으로 열병식을 치르고 있어요. 열병식은 대외적으로 군사력을 과시할 뿐 아니라 주민들을 단합시키는 효과도 있는 중요한 국가 의례라고 할 수 있습니다.

북한의 열병식이 흥미로운 것은 대외전략의 의지를 드러낸

다는 점 때문인데요, 남북 관계가 우호적이고, 미국과의 협상 국면 때는 공격용 무기의 노출을 자제하고, 그렇지 않을 때는 전략 무기들을 집중적으로 선보입니다. '열병식의 정치학'이라고도 할 수 있어요.

앞에서 대륙간탄도미사일ICBM에 대해 살펴보았지요. 2022년 4월 25일 항일유격대 창설 90주년 열병식에서는 최근 개발한 핵미사일에서부터 대륙간탄도미사일과 잠수함 발사 탄도미사일SLBM의 신형모델을 총동원했습니다. 바퀴만 수십 개 달린 운반 차량에 실린 육중한 미사일들이 열을 맞춰 사열대 앞을 지나는 장면이 전 세계로 보도되었습니다.

김정은 국무위원장은 열병식 연설을 통해 북한 주민들을 격려하고 다독이기도 합니다. 코로나19 사태가 한창이던 2020년 10월 10일 노동당 창건 75주년 기념 열병식에서 김정은 위원장은 "예상치 않게 맞닥뜨린 방역 전선과 자연재해 복구 전선에서 우리 인민군 장병이 발휘한 애국적 헌신은 감사의 눈물 없이 대할 수 없습니다"라며 안경을 벗고 눈물을 훔치기도 했어요. 잠수함탄도미사일SLBM은 뒤에서 살펴볼게요.

🔍 #인민군 #노동당 #김일성 #신형_무기_공개 #사회주의_국가 #과시 #단합 #탄도미사일 #연설

영변 핵시설
영변의 약산 진달래꽃
그리고 핵 개발의 심장부

'나 보기가 역겨워/가실 제에는/말없이 고이 보내드리오리다/영변寧邊의 약산藥山 진달래꽃/아름 따다 가실 길에 뿌리오리다'

일제 식민지 시대에 활동한 시인 김소월의 유명한 시 「진달래꽃」의 한 대목입니다. 여기에 나오는 영변은 평양에서 100km 쯤 북쪽에 있는 평안북도의 한 군이에요. 약산의 진달래가 아름답기로 유명해요.

북한에서 평양 다음으로 국제사회에 이름을 알린 곳이 영변입니다. 이곳에 있는 핵 종합시설 때문입니다. 북한 핵 개발의 심장부라고 할 수 있지요.

북한은 이곳에 1962년 원자력연구소를 설치했고, 1963년 소련으로부터 소형 연구용 원자로(IRT-2000)를 도입한 것을 시작으로 핵 개발을 추진해왔어요. 영변 핵 단지에는 5메가와트(Mwe) 흑연감속로형 원자로와 50메가와트 원자로, 실험용 경수로, 핵연료 가공 공장과 핵연료 재처리 시설인 방사화학실험실, 수소폭탄을 제조할 수 있는 삼중수소 실험실, 고농축 우라늄 생산시설, 연구개발센터 등 300동 이상의 시설이 들어서 있습니다. 흑연감속로를 가동한 뒤 사용한 핵연료를 재처리하면 핵무기 원료인 플루토늄을 추출할 수 있으니 국제사회는 북한이 핵무기를 개발하려 한다고 우려하게 되었죠.

북한이 플루토늄을 제대로 신고하지 않고 있다고 의심해온 국제원자력기구IAEA가 핵시설을 사찰하려고 하자 북한은 반발했어요. 미국은 북한의 핵 개발을 용인할 경우 핵확산을 통제하기 어려워지니 영변을 폭격하는 방안도 검토했습니다. 이 시기를 '1차 북핵 위기'라고 하는데요, 1994년 10월 제네바 합의로 북한은 핵 개발을 일단 멈췄습니다.

하지만 2002년 조지 부시 미국 대통령이 북한을 '악의 축'이라고 비난하면서 제네바 합의를 깨자 북한은 8년 만에 핵 활동을 재개하게 됩니다. 이를 '2차 북핵 위기'라고 부릅니다. 북한 핵 문제는 국제 협상을 거치며 진정되는 듯하다가 다시 악화되는 흐름을 되풀이해왔어요. 북한의 핵 문제는 동북아시아의 최대 안보 현안이어서 좀 더 살펴볼 필요가 있어요. 앞서 보았던 '6자회담'에 이어, '제네바 합의' '한반도 비핵화'로 나눠 다뤄볼게요.

Q　#평안북도 #영변 #원자력연구소 #원자로 #핵_개발 #핵연료 #실험 #국제원자력기구_사찰

영세중립국
바람 앞에 서지 않고
어느 편도 들지 않는 방법

조선 말기 고종 임금은 조선을 영세중립국으로 만드는 방안을 추진했어요. 왜 고종이 이런 생각을 했을까요? 19세기 후반 열강으로 불리는 중국·러시아·일본 등이 조선을 손아귀에 넣으려고 각축을 벌이며 '바람 앞의 등불' 신세가 된 조선을 걱정한 조선 주재 서양 외교관들이 주권을 지키는 방법으로 중립화 방안을 내놨대요.

조선을 차지하기 위해 러시아와 일본 간에 전쟁의 기운이 높아가던 1904년 1월 20일, 대한제국은 대외적으로 중립을 선언했어요. 하지만 국제사회는 싸늘하게 외면했습니다. 결국 러일전쟁에서 승리한 일본이 조선을 차지하게 되었어요. 비록 좌절했지만 영세 중립론은 열강에 둘러싸인 조선 반도의 독립과 평화를 지키는 수단으로 주목받아왔어요.

그러면 어떤 나라들이 영세중립국일까요? '원조' 격인 스위스는 독일, 프랑스, 오스트리아, 이탈리아 같은 강대국으로 둘러싸인 소국이라는 점에서 조선과 처지가 비슷했어요. 나라를 지키기 위해 분쟁에 휘말리지 않는 것이 최선이라고 판단한 스위스는 일찍이 1536년 중립화를 선포했어요. 1815년 열린 빈 국제회의에서 스위스는 영세중립국으로 승인받았습니다.

스위스는 제1, 2차 세계대전과 냉전 시기에도 중립을 지켰어요. 오스트리아는 2차 세계대전 당시 독일 히틀러와 나치당과 동맹을 맺는 바람에 2차 세계대전 패전국이 되었어요. 전쟁이 끝난 뒤 미국, 영국, 프랑스, 소련 등 4개국이 오스트리아를 분할 통치했어요. 국민들은 분할통치에서 벗어나기 위해 4개 국가 어느 쪽에도 기울지 않는 영세중립 정책을 취했죠. 오스트리아는 유럽 대륙의 한가운데 위치해 있어 동서 냉전 당시 양쪽 진영의 경계이기도 했어요. 오스트리아의 정치인들은 좌우 가리지 않고 합심해 영세중립을 추진했고, 여러 어려움을 이겨낸 끝에 1955년 영세중립국이 되었어요.

미국과 중국, 러시아, 일본 등 강대국들로 둘러싸인 한반도의 지정학적 상황은 영세중립화를 추진할 만한 조건이기도 해요. 어느 편도 들지 않음으로써 안전을 보장받는 것이 중립국이기 때문이죠. 지금은 미국과 군사동맹을 맺고 있어 쉽지 않지만, 나라를 지키는 방법의 하나로 생각을 열어둘 필요는 있어요.

🔍 #고종 #중립화 #중립_선언 #스위스 #빈_국제회의 #지정학 #군사동맹 #강대국 #어느_편

오키나와
평화의 섬에 불어닥친 철의 폭풍

조선시대 소설 속 인물 홍길동은 전국 팔도를 돌며 나쁜 관리를 혼내주는 의적입니다. 나라가 소란스러우니 임금은 홍길동에게 병조판서 벼슬을 내려 진정시켰고, 홍길동은 조선을 떠나 가상의 섬나라인 율도국에 정착한다는 줄거리입니다. 이 율도국이 일본 오키나와라는 설이 있어요. 오키나와섬은 제주도에서 해류를 가면 며칠이면 닿을 수 있어 고려시대에도 교류가 있었어요.

오키나와는 동중국해, 즉 제주도 남쪽부터 대만에 걸쳐 있는 바다에 위치합니다. 160여 개의 섬들로 구성된 제도諸島로 전체 면적은 제주도의 1.2배 정도예요. 15~19세기에는 '류큐'라는 이름의 독립 왕국이었고 한반도와 중국·일본, 동남아시아를 연결하는 무역으로 번성했어요. 사람과 물자, 문화의 교류가 활발한 '평화의 섬'이었던 셈이죠. 그러다 1879년 일본에 강제로 병합돼 오키나와현이 되었어요.

제2차 세계대전 막바지인 1945년 미군은 일본 본토에 상륙하기 위해 교두보 격인 오키나와의 점령에 나섭니다. 일본도 오키나와를 마지노선으로 삼아 방어에 총력을 기울였어요. 3월 말부터 3개월간의 전투에서 양쪽 합해 20만여 명이 숨졌어요. 포탄과 폭탄이 '철의 폭풍'처럼 부는 2차 세계대전 최악의 공방전이었습니다.

오키나와 주민들은 전투에 총알받이처럼 동원되었을 뿐 아니라 일본군들에 의해 집단자살을 강요당했어요. 주민들이 대피한 동굴에 일본군이 수류탄을 던져 학살하기도 했답니다. "미군 포로가 되면 여자들은 능욕당하고 남자들은 사지가 찢겨 죽는다"는 일본군의 말에 속아 가족끼리 서로 죽이는 지옥이 펼쳐졌다고 해요.

오키나와는 전쟁이 끝난 뒤에도 27년간 미군 통치를 받다가 1972년 5월 일본에 반환됩니다. 하지만 전쟁 때 일본군의 만행을 겪은 주민들은 여전히 일본에 대한 감정이 좋지 않아요. 주일미군 기지의 70%가 몰려 있어 사건 사고도 잦은 편입니다. 평화롭게 오순도순 살다가 큰 나라에 병합된 뒤 전쟁에 휩쓸려야 했던 오키나와의 슬픈 현대사에서 왠지 동병상련이 느껴지지 않나요?

Q   #동중국해 #제도 #평화의_섬 #강제_병합 #2차_세계대전 #미군_통치 #주일미군_기지 #점령

우주안보

우주에서 전쟁이 벌어진다면 어떻게 될까?

'우주에서 전쟁이 벌어진다면?' 광활한 우주에 인간이 아닌 외계 생명체가 존재하고, 인간과 외계인 혹은 외계인들 사이에 전쟁이 벌어지는 것이 SF 영화의 익숙한 설정입니다.

그런데 우주가 여러 세력의 각축장이 되는 것은 영화 속 상상의 일이 아니에요. 2021년 11월 러시아가 지구 밖에서 궤도를 돌고 있던 자국의 첩보위성을 향해 미사일을 발사한 사건이 있었어요. 1982년에 발사된 것인데 이미 수명을 다한 위성이었어요. 미사일을 맞은 위성이 폭발하면서 엄청난 양의 미세 파편이 흩어져 우주 공간에서 엄청나게 빠른 속도로 움직이고 있습니다.

문제는 지구 밖에서 궤도를 돌고 있는 인공위성이 1만 대 정도 존재한다는 것이었죠. 실제 우주인들이 생활하는 국제 우주정거장ISS도 있고요. 만약 폭발한 위성 잔해들이 ISS와 충돌했다면 끔찍한 일이 벌어졌을 거예요.

미국은 러시아의 미사일 발사를 두고 우주 활동에 지장을 주

는 행위라며 강력히 반발했어요. 두 나라의 신경전은 치열해지고 있는 우주 군사 경쟁을 엿보게 해요. 무기 체계 가운데 위성은 지휘부와 통신을 하거나 적을 감시하고 정보를 모으는 것은 물론 항법과 미사일 정밀성을 위해서도 필수적인 기술이에요. 게다가 적의 위성을 격추할 수 있는 기술이 있다면 더 유리하겠죠.

위성을 요격할 수 있는 능력을 갖춘 나라는 미국, 러시아, 중국, 인도 등 4곳으로 알려져 있어요. 이 나라들은 우주군과 항공우주군을 신설하는 등 우주 군사능력을 키우는 데 힘을 기울이고 있어요.

그런데 우주가 이렇게 군비 경쟁의 공간이 되는 것이 과연 바람직할까요? 유엔이 1967년 만든 '우주조약'은 달과 기타 천체 등을 탐색하고 이용하는 것은 오직 평화적 목적이어야 하고, 군사 시설이나 무기 실험, 군사 연습은 금지하고 있어요. 하지만 법적인 구속력이 없어 우주를 둘러싼 군사 경쟁을 규제하기 어려운 실정입니다. 우주를 평화의 공간으로 만들기 위해 국제 사회가 머리를 맞대야 할 때입니다.

Q #우주_전쟁 #첩보위성 #미사일 #인공위성 #국제_우주정거장 #우주조약 #우주평화

원산
호랑이 뒷덜미를 덥썩, 원산의 과거와 미래

북한의 동해안에 원산이라는 지역이 있어요. 함경남도의 영흥만에 있는 도시인데, 한반도가 호랑이나 토끼 형상이라면 그 뒷덜미쯤 되는 곳이에요. 원산은 2018년 6월에 열린 북한과 미국과의 정상회담을 전후로 국제사회의 주목을 받았어요. 당시 미국 대통령인 도널드 트럼프가 북한이 핵 개발을 포기하면 원산 해변에 세계 최고의 호텔을 짓겠다고 했습니다. 트럼프는 부동산 사업가이기도 해서 세계 곳곳에 건물을 지어왔는데, 원산이 세계적인 관광지가 될 잠재력을 갖추고 있다고 본 것이죠.

원산은 19세기 후반 일본이 조선과 강화도조약(1876년)을 맺은 것을 계기로 항구로 발전하기 시작해요. 경원선(서울~원산)이 깔리고 일제 강점기 시기에 중화학 공업단지가 조성되면서 한반도 북부의 대표적인 공업도시이자 항구로 성장하게 됩니다. 정유시설을 비롯한 중화학단지가 밀집한 원산은 한국전쟁 때는 미군의 집중적인 폭격 대상이 되어 철저히 파괴되었어요.

원산은 예로부터 유명 휴양지였어요. 일제 강점기에는 서울에서 경원선 철도를 타고 원산으로 놀러 가는 것이 꽤 유행하던 피서였다고 해요. 위도가 북위 39도로 높지만, 바닷가인 데다 마식령산맥이 병풍처럼 감싸고 있어 기후도 온화한 편입니다. 호도반도와 갈마반도, 20여 개의 섬이 방파제 역할을 해 해수욕에도 안성맞춤이라고 해요. 겨울이면 눈이 풍성하게 내리는 곳이어서 가까운 마식령산맥에는 일제 강점기 때 스키장이 지어지기도 했습니다.

원산은 김정은 국무위원장과도 특별한 인연이 있어요. 어머니인 고용희가 일본에서 북한으로 건너온 재일 동포인데, 일본을 떠나 닿은 항구가 원산이었던 것입니다. 그래서인지 김정은 시대 들어 원산에는 마식령 스키장이 건립되었고, 갈마해안관광지구가 건설되는 등 집중적인 투자가 이뤄졌어요. 갈마반도 명사십리 해변은 본래 북한이 군사훈련을 하던 곳이었는데, 2018년 판문점에서 문재인 당시 대통령과 김정은 위원장이 정상회담을 한 뒤 이곳을 관광지구로 바꾸려고 했어요. 한반도에 평화가 정착되면 원산을 세계적인 관광지구로 만들겠다는 뜻으로 해석되었죠. 하지만 미국과의 관계 개선이 뜻대로 이뤄지지 않으면서 원산의 미래도 불투명해진 상태입니다.

Q #함경남도 #북미정상회담 #항구 #공업단지 #경원선 #마식령산맥 #관광지구가_될_수_있을까

유엔 안전보장이사회

국제 평화와 안전 보장을 위해
한자리에 모인 사람들

1차 세계대전 이후 전쟁을 막고 평화를 유지하기 위해 출범한 국제연맹은 역할을 제대로 해내지 못했어요. 승전국 중심의 구조인 데다 평화 파괴 행위에 군사적 대응을 할 수 없었기 때문이죠. 1930년대 독일, 이탈리아, 일본이 연맹을 탈퇴하고 2차 세계대전을 일으켰지만, 국제연맹은 속수무책이었어요.

인류 전쟁 사상 가장 많은 희생자를 낸 2차 세계대전을 계기로 국제사회에서 평화를 지키자는 요구가 분출해요. 이 뜻을 모아 2차 세계대전 직후인 1945년 10월 24일 51개국이 참가한 가운데 국제연합, 유엔United Nations, UN이 출범합니다. 유엔의 창립 취지도 국제연맹과 비슷하지만, 국제연맹과는 달리 유엔헌장에 군사행동을 할 수 있는 권한을 명시했어요.

현재 유엔에는 193개 국가가 가입해 있습니다. 회원국이 모두 참여해 안건을 토의하는 기구가 총회입니다. 사무국은 조직운영과 관련된 사무를 처리하는데 대표가 사무총장이죠. 한국인으

로는 반기문 외교부 장관이 제8대 유엔 사무총장을 지냈습니다.

유엔에서 가장 힘이 센 조직은 안전보장이사회(안보리, UN Security Council)입니다. 안보리는 국제 평화나 분쟁과 관련된 안건을 심의하고 결정하는 기구로, 국제 평화를 해치거나 분쟁 당사국에 대한 제재를 회원국에 요청하는 권한을 갖고 있어요. 경제적 제재뿐만 아니라 외교, 군사적 제재도 포함됩니다. '유엔 안보리가 대북 제재를 결의했다'는 뉴스를 아마 들어본 적이 있을 거예요.

안보리는 5개의 상임이사국과 임기 2년의 10개의 비상임이사국으로 구성되는데, 상임이사국은 미국, 영국, 프랑스, 소련, 중국이에요, 강대국으로 꼽히는 나라들이 다 모여 있네요. 상임이사국은 안건에 대한 거부권을 가지고 있어요. 꼭 필요한 안건이지만 상임이사국의 거부권 행사로 통과되지 못하는 경우가 적지 않아요. 이런 폐단을 줄이기 위해 유엔은 2022년 거부권을 행사하려면 그 이유를 설명하고 토론을 의무적으로 해야 한다고 결정했습니다. 하지만 힘의 질서가 작동하는 국제사회에서 이런 제한이 얼마나 효과를 발휘할지는 의문이에요.

Q #국제연맹 #국제연합 #유엔헌장 #사무총장 #총회 #심의기구 #상임이사국 #비상임이사국

유엔평화유지활동
평화를 지키기 위해 나선
국제연합의 활동

유엔은 평화를 지키기 위해 여러 가지 활동을 벌이고 있습니다. '평화유지'만을 목적으로 군대를 보내기도 해요. 분쟁이 벌어지고 있지만 자체적으로 치안을 유지할 여력이 없는 나라에 '군대를 파견(파병)'하는 경우가 많아요. 이를 유엔의 평화유지활동 Peace Keeping Operation이라고 하며, 영어 이니셜인 'PKO'로 통해요.

어떤 국가나 지역이 극심한 분쟁에 휘말린 경우, 유엔 안전보장이사회(안보리)가 평화유지활동을 결의할 수 있어요. 군사력이 필요할 경우 안보리의 승인을 얻어 평화유지군을 결성하게 돼요.

평화유지군은 중립적인 입장에서 평화의 지속을 위해 필요한 임무를 수행하기 때문에 경찰과 비슷한 역할을 한다고 볼 수 있어요. 전투를 위한 병력이 아니기 때문에 평화유지군은 눈에 띄는 복장을 하고 표시도 합니다. 군인들은 'UN' 글씨가 선명한 파란색 전투모를 쓰고, 탱크나 헬기 같은 군 장비에도 흰색 바탕에 큼지막한 UN마크를 붙입니다.

1948년에 이스라엘 건국을 둘러싸고 발발한 제1차 중동전쟁 때 파견된 유엔 휴전감시단UNTSO이 평화유지군의 시초입니다. 이들은 1949년부터 1956년까지 휴전협정을 위반하는 활동을 방지하는 임무를 수행했어요. 이후 아프리카와 중동, 아시아, 유럽의 분쟁 지역에도 평화유지군이 파병되었습니다. 한국도 국제평화유지를 위한 책임을 나누기 위해 1993년 소말리아 파병, 1994년 서부 사하라, 1995년 앙골라, 1999년 동티모르에 평화유지군을 보냈어요. 2022년 9월 현재 동명부대가 레바논, 한빛부대가 남수단에서 평화유지활동을 하고 있습니다.

한국에서는 평화유지군과 관련해 색다른 주장이 나온 적이 있어요. 남북 관계가 개선되고 한반도에 평화가 굳건하게 정착되면 주한미군도 평화유지군처럼 성격이 바뀌어야 하는 것 아니냐는 것이에요. 북한과 미국이 적대 관계를 청산한 뒤에는 주한미군이 북한과의 전쟁을 목적으로 주둔할 이유가 사라지니까요. 미국과의 동맹관계에 익숙해져 있는 우리에게는 민감하고 까다로운 문제이지만 짚고 넘어갈 필요는 있어 보이네요.

#파병 #군대_파견 #평화유지_목적 #평화유지군 #유엔_휴전감시단 #동명부대 #한빛부대

068

의열단
1919년, 일제의 칼바람 속에서 의로운 일을 맹렬하게 행한 단체

일제 치하에서 독립군 못지않게 치열한 항일 투쟁을 벌여온 단체들이 있었어요. 그중 가장 대표적인 단체가 의열단義烈團입니다. 1919년 3·1운동이 일제의 대대적인 탄압을 받자 더 조직적이고 강력한 운동단체가 필요하다는 생각이 퍼졌어요. 이런 뜻을 가진 이들이 1919년 11월 중국 지린성에서 의열단을 결성합니다.

의열단은 '정의正義의 사事를 맹렬猛烈히 실행한다'는 뜻이에요. 평화적인 운동으로는 일제가 물러나지 않을 것이니 암살과 파괴·폭파 같은 과격한 수단을 통해 독립투쟁을 전개하기로 한 거예요. 경남 밀양 출신의 약산 김원봉이 단장을 맡았어요.

의열단은 여러 차례 대담한 의거로 일제의 간담을 서늘케 했어요. 1921년에는 단원 김익상이 한낮에 일제 식민 통치의 심장부인 조선총독부 건물에 몰래 들어간 뒤 폭탄을 터뜨려 총독부를 발칵 뒤집어놓았어요. 1924년에는 단원 김지섭이 일본 도쿄 황궁 입구의 이중교二重橋 다리에 3발의 폭탄을 던졌습니다. 1926년에는 나석주가 조선식산은행과 동양척식주식회사에 폭탄을 던지고 일본 경찰 7명을 사살했어요.

의열단이 얼마나 무섭고 두려운 존재였던지, 일본 외무대신이 "김원봉 체포 시 즉각 나가사키 형무소(현재의 교도소)로 이송할 것이며, 소요경비는 외무성에서 직접 지출할 것"이라는 훈령을 내릴 정도였어요. 2015년에 개봉된 영화 〈암살〉과 2016년 영화 〈밀정〉은 의열단의 활약상을 그립니다.

의열단은 내일을 기약할 수 없기에 거사를 앞두고 기념사진을 찍곤 했다고 합니다. 단원들은 늘 멋진 양복을 입고 머리를 잘 손질했고 결백할 정도로 깨끗했다고 독립운동가 장지락은 회고했어요. 의열단은 만주, 조선, 상하이, 일본을 종횡무진으로 활동하며 일본 제국주의를 공포에 몰아넣은 '어벤져스'이면서도 삶과 일상에 충실한 멋진 청년들이었던 것이죠.

단장 김원봉은 해방 후 귀국했다가 악질 친일 경찰 노덕술에게 두들겨 맞는 수모를 겪고, 좌우합작을 추진하던 여운형이 피살되자 월북해 북한 정권에 참여하게 됩니다. 이런 이유로 일제에 가장 치열하게 투쟁해온 의열단이 지금껏 제대로 평가받지 못하고 있어요.

Q #항일_투쟁 #일제_치하 #정의 #맹렬 #단체 #의거 #폭탄 #조선총독부 #김원봉 #독립투쟁

069

이산가족

볼 수도 만질 수도 생사를 알 수도 없는 가족

이산가족離散家族은 사랑하는 가족과 헤어진 채 살아가고 있는 사람들과 그 자녀를 가리키는 말이에요. 이산가족은 한국전쟁의 혼란 속에서 가족들이 뿔뿔이 흩어지면서 발생했습니다. 1953년 이래 70년 가까이 생이별을 한 채 살아가고 있어요.

1988년부터 2022년 6월까지 대한적십자사, 통일부 등에 가족 찾기를 신청한 사람은 13만 3,600여 명이에요. 이 중 8만 9,000명은 이미 돌아가셨지만, 여전히 4만 4,000여 명이 생존해 있어요. 대부분 이산을 직접 경험한 1세대로 70대에서 90세 이상의 할아버지·할머니들입니다. 이산가족 10명 중 8명은 아직 북한에 있는 가족의 생사조차 확인하지 못했어요.

북한에 형님과 누나를 두고 온 고 리영희 한양대 명예교수가 쓴 글은 이산가족의 심정을 엿보게 해요. "중추의 달이 거울보다도 환히 비치면, 아버지와 어머니는 마당에 나앉아서 몇 시간을 두고 하염없이 달만 바라보는 것이었다. 더 참을 수가 없게 되면

누가 먼저랄 것도 없이 힘없이 일어나 눈물을 닦으면서 방으로 들어가, 이불을 머리 위까지 덮어쓰고 흐느껴 울었다."

그동안 이산가족 상봉 및 생사 확인 사례가 없었던 것은 아닙니다. 1985년 분단 이후 40년 만에 처음으로 남북적십자회담을 통해 '이산가족 고향방문단 및 예술공연단' 교환 방문이 이뤄졌고요, 2000년 김대중 대통령과 김정일 국방위원장의 남북정상회담을 계기로 2018년까지 모두 21차례 이산가족 상봉이 이뤄졌어요. 화상을 통해 가족들을 만나는 '화상 상봉', 생사 또는 주소확인, 서신 교환도 몇 차례 이뤄졌지만 정례적인 상봉은 이뤄지지 않고 있어요. 2018년 9월 이후 이산가족 상봉은 중단된 상태예요.

지금도 정부가 운영하는 남북 이산가족 찾기 홈페이지에는 애타는 사연들이 올라와요. 전쟁에 나간 뒤로 소식이 끊긴 아들을 눈감기 전엔 꼭 찾고 싶다는 아버지, 북한에서 헤어진 작은 동생이 너무 보고 싶다는 형님까지 하나같이 눈물 나는 이야기들이에요. 이산가족 상봉은 시급히 해결해야 할 과제입니다.

전쟁 당시 헤어진 가족만 이산가족이 아닙니다. 3만 명에 달하는 북한이탈주민 중에는 한국에 정착한 뒤 가족을 불러들인 이들도 있지만, 북한에 가족을 둔 채 외롭게 살아가는 이들도 적지 않아요. 이들도 '넓은 의미의 이산가족'이라고 할 수 있겠죠.

Q #가족_찾기 #이산가족_상봉 #생사 #남북적십자회담 #화상_상봉 #생이별 #북한이탈주민

이슬람국가(IS)

내가 국가이고 곧 지도자이니
따르지 않으면 가만두지 않겠어

이라크와 시리아 일부를 점령하고, 국가를 자처하고 있는 무장단체가 있습니다. 이들은 수니파 이슬람 근본주의 국가를 만들겠다고 선포했어요. 바로 이슬람국가Islamic State, IS 또는 이라크·시리아 이슬람국가The Islamic State of Iraq and Syria, ISIS입니다.

1999년 아부 무사브 알자르카위가 아프가니스탄에서 무장세력 알카에다와 접촉한 뒤 조직한 '유일신과 성전'이 IS의 모태라고 해요. 이들은 9·11테러 이후 미군이 아프간을 침공하자 근거지를 이라크로 옮긴 뒤 2006년 IS를 설립했고, 2013년에는 이라크·시리아 이슬람국가가 설립됐다고 선포합니다. 지도자는 아부 바르크 알바그다디로 2014년 스스로를 이슬람의 정치·종교 지도자를 의미하는 칼리파라 칭합니다.

IS는 시리아 락까, 이라크 모술 등 주요 도시를 장악하며 세를 넓혀갔어요. 그 과정에서 이라크의 소수민족 야지디족 등 소녀들을 성노예로 만드는 반인륜적 범죄를 저질렀습니다. 또, 시리아의 팔미라 사자상 등 귀중한 고대 문화유산을 파괴하는 만행을 벌이기도 했죠. 우상숭배에 활용될 소지가 있는 유물을 파괴한다는 이유를 내걸었지만 국제 사회의 시선을 끌기 위한 '문화청소'라는 비판이 거셌습니다. IS는 프랑스 파리, 벨기에 브뤼셀, 튀르키예 이스탄불 등 주요 도시에서 벌어진 테러의 배후를 자처하기도 했습니다.

국제사회는 IS를 테러 단체로 규정하고 미군 주도로 IS 격퇴 작전이 벌어졌어요. 이라크군을 비롯해 쿠르드·아랍연합 '시리아민주군SDF', 시리아군 등도 IS에 대항하면서 세력은 약화됐죠. 결국 2019년 알바그다디가 미군에 의해 제거됐어요. 이어 지도자에 오른 아부 이브라힘 알하시미 알쿠라이시도 2022년 미군에 포위되자 자폭함으로써 세가 약해졌습니다.

IS는 트위터 소셜미디어를 통한 홍보 전술에 능해 IS를 유토피아로 묘사하는 글에 현혹된 이들이 가담하는 일도 벌어졌습니다. 2015년에도 한국 청소년이 튀르키예를 통해 시리아로 들어가 IS에 가담하는 일이 발생했어요.

Q #무장단체 #수니파 #칼리파 #반인륜적_범죄 #문화유산_파괴 #문화_청소 #테러 #자폭 #가담

인도주의
인간은 모두 평등하고 존엄하니 평화롭게 공존해야 해

2003년 이라크 바그다드 유엔 본부에서 폭탄테러가 일어납니다. 이라크전 종전 이후 현지에 있던 구호활동가 22명이 테러로 사망합니다. 유엔은 이들을 기리기 위해 테러가 일어난 8월 19일을 '세계 인도주의의 날World Humanitarian Day'로 정했어요.

이 활동가들처럼 인간의 가치를 보호하고 공존과 평화를 위해 노력하는 사상과 행위를 인도주의人道主義, Humanitarianism라고 합니다. 인간은 인종, 종교, 국가 등의 차이를 초월해 모두 평등하고 존엄하다는 생각이 바탕에 깔려 있어요.

너무도 당연해 보이는 이 원칙이 국제사회에서 정립된 것은 19세기 후반 들어서입니다. 스위스 사업가 장 앙리 뒤낭은 1859년 이탈리아 솔페리노에서 전쟁을 목격합니다. 뒤낭은 마을 사람들과 함께 부상병들을 돌봤어요. 3년 뒤 책을 통해 구호단체를 설립하고 국가 간 조약을 맺어 전상자들을 치료하는 병원과 의료요원을 보호하자고 제안했죠.

이 제안은 1864년 인도주의 국제법의 시초가 되는 제네바협약 체결로 이어졌어요. 전쟁과 기타 무력 충돌의 희생자를 구호하고, 이를 위한 사람, 장비, 시설을 보호한다는 것이 제네바 조약의 핵심입니다. 희생자는 다친 병사는 물론 병든 사람, 조난자, 포로, 민간인 등을 포함합니다. 협약에 가입한 나라는 190여 개국에 달해요.

인도주의는 군사적 개입을 정당화하는 논리가 되기도 합니다. 국가의 주권은 침해할 수 없지만, 인도주의적 위기가 발생할 경우 국제사회가 특정 국가에 개입해 무력을 행사할 수 있다는 것으로 이를 '인도주의적 개입'이라고 해요. 유엔은 2005년 보호책임Responsibility to protect, R2P 원칙을 정해 독재정권의 인종청소 등 인권을 심각하게 침해하거나 공권력이 붕괴해 국민 보호 능력을 상실한 경우 국제사회가 개입할 수 있도록 했습니다.

일각에서는 힘이 센 국가가 약한 국가의 내정을 간섭하는 데에 이 논리를 악용할 수 있다고 주장합니다. 거꾸로, 개입이 필요한데도 자국의 이해관계에 따라 개입하지 않거나 늦춰 인도주의 취지가 훼손되기도 합니다.

Q #인간의_존엄성 #공존 #구호활동 #폭탄테러 #국제법 #제네바협약 #보호 #국제사회_개입

일국양제
한 국가 두 제도,
공존이 가능할까?

1840년 청나라와 아편전쟁을 벌여 승리한 영국은 1942년 홍콩섬을 식민지로 넘겨받습니다. 영국은 1898년 중국과 조약을 맺어 홍콩섬과 주변의 내륙지역을 99년간 빌린 뒤 돌려주기로 합니다. 영국이 통치하던 시기 홍콩은 세계의 주요 무역항으로 성장했어요. 홍콩은 세계적인 다국적 기업이나 언론, 금융사가 아시아의 거점으로 삼는 곳이기도 했죠. 하지만 1997년이 되자 영국은 약속대로 홍콩을 중국에 반환합니다.

홍콩이 영국령으로 있던 99년 동안 중국은 청나라에서 중화민국을 거쳐 1949년 사회주의 국가인 중화인민공화국으로 바뀌었어요. 영국에서 반환되는 자본주의 첨단 도시 홍콩이 사회주의 중국과 어떻게 공존할 것인지에 세계의 관심이 쏠렸습니다. 이때 중국이 내놓은 원칙이 '일국양제一國兩制'였어요. '하나의 국가, 두 개의 제도'라는 뜻으로 홍콩이 반환된 이후에도 자본주의 체제를 인정하겠다는 겁니다.

중국은 홍콩을 특별행정구로 지정하고 50년간 중국 본토와 별개의 체제를 허용했어요. 이에 따라 홍콩은 국방과 외교를 빼놓고는 독자적인 입법·사법·행정권을 보유했고, 행정장관과 의원을 별도로 선출해왔어요. 일국양제는 1999년 포르투갈이 중국에 반환한 마카오에도 똑같이 적용됐어요.

하지만 고도의 자치권을 보장해준다는 원칙이 말처럼 쉽지는 않았어요. 홍콩의 행정장관은 직선제가 아니라 선거인단에 의한 간선제여서 중국 정부가 지지하는 인물이 당선되기 쉬웠거든요. 이에 불만을 품은 시민들이 2014년 행정장관 직선제를 요구하며 홍콩 도심에서 대규모 시위를 벌였어요. 최루탄을 쏘는 경찰에 맞서 노란 우산을 펼쳐 들고 시위하는 '우산혁명'에 세계의 관심이 집중되었습니다.

2019년에는 홍콩시민 100만 명이 참가한 대규모 시위가 벌어졌어요. 홍콩의 범죄 용의자를 중국 본토로 보낼 수 있는 법안에 항의하는 시위죠. 중국 정부에 반대하는 홍콩 시민들이 소환돼 인권 침해를 당할까 우려됐던 거예요. 중국 정부도 강경 대응에 나서 2020년 야당 의원을 체포하고, 국가보안법을 만들어 시위를 벌인 인사들과 언론인 등을 처벌했어요. 2019년 홍콩 시위 사태를 계기로 '일국양제' 원칙은 사실상 유명무실하게 됩니다.

🔍 #홍콩_반환 #하나의_국가_두_개의_제도 #사회주의 #자본주의 #자치권 #직선제 #우산혁명

일본군 위안부
일본에 의해, 일본군을 위해
위안소로 끌려간 사람들

일본의 식민 지배가 남긴 상처는 크고 깊었어요. 그중에서도 지금껏 매듭지어지지 않고 있는 일이 있어요. 바로 '일본군 위안부' 피해자 문제입니다. 일본군 위안부는 일본의 침략전쟁 기간 동안 일본군의 성적 욕구를 해소하기 위한 목적으로 동원된 여성들을 가리켜요. 이들은 징용 또는 납치, 매매 등 다양한 방식으로 끌려가 일본군을 대상으로 성적인 행위를 강요받았습니다.

중국, 필리핀, 태국, 베트남, 말레이시아, 인도네시아, 네덜란드 등 전시 일본이 점령한 나라의 여성들도 위안부로 동원되었어요. 2차 세계대전 당시 인도네시아에 살고 있던 네덜란드 여성 얀 루프 오헤른이 1990년에 위안부였던 사실을 밝혔어요. 이어 1991년 8월 14일 김학순 할머니가 기자회견에서 위안부였음을 고백하면서 큰 파장을 일으켰습니다.

일이 커지자 1993년 일본 정부의 대변인인 고노 요헤이 관방장관이 "위안소는 군 당국의 요청으로 설치됐고, 군이 위안소 설

치 관리와 위안부 이송에 직간접적으로 관여했다"고 밝혔습니다. '고노 담화'는 위안부가 강압적으로 모집되었고, 일본군이 개입했음을 일본 정부가 인정했다는 의미가 있어요. 하지만 일본의 보수 우익들은 위안부를 강제 모집한 근거자료가 없다며 담화를 부정하려 했습니다.

그런 한편으로 한일 양국 간에 문제 해결을 위한 협의가 진행되었고, 2015년 12월 박근혜 대통령과 아베 신조 총리가 합의했습니다. 일본 정부가 책임을 통감하고, 총리가 사과와 반성의 뜻을 보인 점은 진전된 것으로 평가되었지만, 피해자의 의견을 제대로 듣지 않은 채 해결에 급급한 태도를 보임으로써 여론이 오히려 악화되었죠. 문재인 정부는 "이 합의로 위안부 문제가 해결될 수 없다"고 했지만, 재협상을 요구하지는 않았습니다.

일본군 위안부 문제는 '전시戰時 성폭력'이라는 점에서도 주목받았어요. 전시 성폭력에 마침표를 찍기 위해 노력해온 콩고민주공화국 의사 드니 무퀘게와 이라크 소수민족 출신 여성운동가 나디아 무라드가 2018년 노벨평화상을 받기도 했어요. 일본군 위안부와 비슷한 '전시 성폭력'이 지금도 어디선가 벌어지고 있음을 잊지 말아야겠어요.

Q #식민_지배 #침략전쟁 #위안부_동원 #위안소 #고노_담화 #전시_성폭력 #징용 #납치 #매매

임진왜란

임진년과 정유년
백성들의 희생과 유린당한 국토

일본의 도요토미 히데요시[豊臣秀吉]가 1587년 일본의 여러 세력을 하나로 통일하며 전국시대를 끝냅니다. 히데요시는 대륙으로 시선을 돌려 명나라 정복을 시도합니다. 일본은 조선에 명을 함께 공격하자고 제안했다가 거절당했죠. 그러자 1592년 3월 명나라로 가는 길을 열라고 하면서 조선을 침략했어요. 이 전쟁이 임진왜란입니다. 조총으로 무장한 왜군은 부산에 상륙한 뒤 놀라운 속도로 북진해, 한 달 만에 수도 한양을 점령합니다. 선조는 평양을 거쳐 의주로 피신합니다. 왕이 궁을 버리고 피신하는 '파천播遷'이 벌어진 것이죠.

그러나 바다에서는 이순신 장군이 이끄는 전라도 수군이 잇달아 일본군을 격파했어요. 옥포, 당포에 이어 통영 앞바다에서 왜군을 크게 무찌른 한산대첩이 대표적입니다. 조선 수군에 대패하며 보급망이 약해지자 육지에서도 왜군의 기세가 꺾이기 시작합니다. 의병이 일어나고 행주, 진주에서 큰 승리를 거두며 전

세가 바뀌게 됩니다. 명나라도 군사를 보내자 일본군은 흩어지고 선조는 1593년 7월 한양으로 돌아옵니다.

일본은 물러나지 않고, 1597년 또다시 조선을 침략해요. 이를 정유재란이라고 부릅니다. 1차 침략에서 이순신의 수군에 대패한 일본은 수군을 키웠지만 역부족이었어요. 이순신 장군은 명량에서 진도 울돌목의 지형과 조류를 이용하는 전략을 구사해 함선 13척으로 일본 함선 330여 척을 전멸시킵니다.

1598년 히데요시가 죽음으로써 정유재란도 막을 내렸습니다. 7년에 걸친 전쟁으로 조선은 쑥대밭이 됐습니다. 전쟁터였던 조선의 많은 백성이 희생된 것은 물론이고, 경복궁이 불탔고 귀중한 문화재들이 약탈당했습니다.

일본에서는 히데요시가 죽자 도쿠가와 이에야스[德川家康]가 권력을 잡고 에도 막부 시대를 열었어요. 중국 명나라는 내부의 부패와 혼란을 수습하지 못하고 여진족의 후금(청나라)에 패배합니다.

인조 임금은 망해가는 명나라를 지지하는 정책을 취했다가 청나라의 침략을 받습니다. 이를 병자호란이라고 해요. 조선의 지도층은 끔찍한 전쟁을 치르고도 교훈을 얻지 못했고, 그 고통을 백성들이 고스란히 짊어져야 했어요.

Q #일본 #조선_침략 #선조 #파천 #이순신 #수군 #한산대첩 #정유재란 #명량해전 #병자호란

잠수함탄도미사일(SLBM)
은밀하게 다가가
기습적으로 공격하죠

앞에서 보았던 ICBM에 이어, 핵무기에 대해 좀 더 알아볼게요. ICBM이 지상에서 쏘아 상대국을 파괴하는 무기라면 잠수함탄도미사일(잠수함발사탄도미사일)Submarine-Launched Ballistic Missile, SLBM 은 바닷속 잠수함에서 발사하는 미사일을 가리켜요. 공중에서 핵미사일을 쏘아 적국을 공격하는 전략핵폭격기도 있어요. SLBM 과 ICBM, 전략핵폭격기를 '3대 핵전력'으로 부르기도 합니다.

SLBM은 광대한 바닷속을 누비는 잠수함을 통해 발사되기 때문에 상대국의 추적과 탐지가 어려워요. SLBM의 전략적 가치는 '2차 공격'에 있습니다. 지상에 있는 ICBM이 적의 공격에 의해 파괴될 경우 SLBM이 있으면 보복 공격을 할 수 있어요. 잠수함으로 은밀히 적국 해안까지 근접해 숨어 있다가 기습적으로 미사일을 쏘는 식입니다. 핵무기로 선제공격을 받아 초토화되더라도 파괴되지 않은 핵무기로 보복 공격을 할 수 있는 능력을 갖추게 되면 적국도 선제공격에 나서기가 어려워지죠.

SLBM은 보통 전략핵추진잠수함SSBN에 실립니다. 핵추진잠수함은 원자력을 에너지원으로 움직이는 잠수함이에요. 디젤연료 대신 소형 원자로를 돌려 얻는 전기로 움직인다는 뜻이에요. 한 번 충전하면 수십 년간 은밀하게 바닷속을 누비고 다닐 수 있어요. SLBM이 핵 보복 공격을 수행하기 위해서는 이런 핵추진잠수함이 필요해요.

ICBM과 전략핵잠수함을 둘 다 보유한 나라는 미국, 러시아, 중국뿐인데요, 2021년 초 북한 김정은 국무위원장이 "새로운 핵잠수함 설계 연구가 끝나 최종 심사 단계에 있다"고 밝혔어요. 북한은 이미 '북극성'이라는 이름의 SLBM 발사 실험을 여러 차례 해왔는데 이를 장착할 잠수함을 만들겠다고 선언한 것입니다. 북한이 ICBM과 핵추진잠수함을 함께 보유하게 되면 핵 선제공격에 이어 2차 핵 공격 능력까지 갖추게 됩니다.

북한은 미국의 위협에 맞서기 위한 자위 수단이라고 하지만 이런 핵무기 개발 경쟁을 언제까지 두고 봐야 할까요? 한반도 주변 바다가 각국 핵잠수함들의 각축장이 되어가는 현실을 바꾸려면 어떤 노력이 필요할지 생각해봐야 해요.

Q #ICBM_지상에서 #SLBM_잠수함에서 #전략핵폭격기 #3대_핵전력 #핵무기_개발_경쟁

장마당

먹고살기 위한 몸부림에서
북한 경제의 필수 요소가 된 시장

몇 해 전, 〈사랑의 불시착〉이라는 드라마가 인기를 끌었어요. 남한의 여성 기업인이 패러글라이딩을 하다 토네이도에 휩쓸려 북한 땅에 불시착한 뒤, 북한군 장교와 사랑에 빠지는 판타지 드라마였습니다. 드라마는 북한의 최근 사정을 비교적 객관적으로 그렸다는 호평을 받았어요. 이 드라마에는 북한의 '장마당'도 등장해요. 상인들이 '아랫동네'라고 불리는 한국 물건들을 단골들에게만 몰래 파는 장면이 눈에 띄었어요.

장마당은 '시장'의 북한식 명칭입니다. 사회주의 체제인 북한은 생활필수품을 국가가 주민에게 직접 공급하기 때문에 물건을 자유롭게 팔고 사는 시장이 허용되지 않았어요. 농산물을 제한적으로 거래하는 농민시장이 있는 정도였죠.

장마당은 '고난의 행군' 이후 본격적으로 등장했습니다. 식량난을 견딜 수 없게 되자 주민들은 생존을 위해 장마당에 나가 식량과 생필품을 구했어요. 공터에 좌판을 깔아놓고 거래하던 초기와 달리 지금은 대형마트도 생겼어요. 주민들이 카트를 끌고 다니며 물건을 골라 담은 뒤 계산대에서 값을 치르는 방식이니 한국과 다를 게 없어요.

초기에는 북한 당국이 장마당을 불법으로 여겨 상인들을 처벌하기도 했어요. 사회주의 국가에서 시장경제가 번성하는 것을 체제 위협으로 느꼈던 것이죠. 하지만 국가가 주민들의 식량과 생필품을 제대로 공급하지 못하는 현실을 인정하지 않을 수 없어 2003년 장마당을 합법화했어요.

북한 주민들은 장마당을 통해 시장경제의 원리를 깨닫기 시작했고, 일부 주민들은 큰돈을 모아 규모를 키워갔어요. 처음에는 '등짐장사'로 출발했다가 지역 간 부족한 물자를 유통해 이익을 얻는 '되거리장사'와 철도·차량을 이용한 '달리기 장사' 등 형태도 다양해졌어요. 지금은 대형시장만 해도 400개가 넘는다고 해요.

장마당은 북한에 많은 변화를 가져왔어요. 장마당을 통해 각지의 물자가 빠르게 유통되면서 주민들의 생활이 나아졌지만, 빈부격차가 심화되거나 권력층의 부정부패도 함께 나타나고 있답니다. 어찌됐건 장마당은 북한 경제를 유지하는 필수 요소가 되었어요. 사회주의 체제를 유지하는 데 '장마당'이 꼭 필요하다니

Q #시장 #고난의_행군 #식량난 #생존 #합법화 #시장경제_원리 #물자_유통 #빈부격차 #부정부패

참 독특한 나라죠?

 북한에서 '등짐장사'는 등에 물건을 지고 팔러 다니는 사람을 말해요. 우리에게는 봇짐장수라는 말이 더 익숙하지요. '되거리장사'에서 '되거리'는 우리말로 '되넘기'라고 해요. 물건을 사서 즉시 넘겨 파는 일을 말해요. 그러니까 '되거리장사'는 어떤 물건을 사서 값을 얹어 바로 되팔아 이윤을 남기는 사람을 말하죠. '달리기장사'는 한곳에서 많이 생산되어 싼값이 되어버린 물건을 대량으로 물건을 철도나 차량을 통해 멀리 떨어진 곳까지 옮겨 파는 도매업을 의미합니다.

재일코리안

사실은 나, 일본인이 아니야

한국에서도 개봉된 일본 영화 〈GO〉(2001)에는 주인공 고교생이 사귀던 일본 여학생으로부터 절교당하는 장면이 나와요. 재일 동포인 주인공이 "사실은 나 일본인이 아니라 재일코리안"이라고 하자 여학생은 "한국인은 피가 더럽대. 아빠가 가까이하면 안 된댔어"라고 대꾸합니다.

원작 소설이 1990년대에 쓰였으니, 요즘 현실과는 거리가 있겠지요. 하지만 재일코리안에 대한 일본 사회의 차별과 편견은 여전히 남아 있다고 해요. 소설의 작가 가네시로 가즈키[金城一紀]는 일본에 귀화한 재일코리안이니 소설에는 그의 경험이 녹아들어 있다고 볼 수 있겠죠.

재일코리안은 재일 동포를 가리키는 말이에요. '한국인' 대신 굳이 '코리안'이라고 하는 데에는 사연이 있습니다. 국적이 '대한민국' 외에 '조선'인 사람들도 있기 때문이에요.

무슨 말이냐고요? 일본이 한국을 강점하던 시기(1910~1945)

에는 한·일이 같은 나라였으니, 일본으로 건너간 한국인들도 일본인이었습니다. 그런데 1945년 일본의 패망 이후 일본에 거주하던 한국인들에게는 임시로 '조선' 국적이 부여되었어요. 이때의 '조선'은 단순히 '조선 반도(한반도) 출신자'를 뜻하는 것이었습니다.

그러다가 남북이 분단됐고, 일본은 한국과는 국교를 맺었지만, 북한은 국가로 승인하지 않고 있습니다. 대한민국을 지지하는 사람들은 '한국' 국적을 취득했고, 그렇지 않은 사람들은 '조선'을 유지해오고 있어요. 그중에는 북한과 긴밀히 협력하는 '재일본조선인총연합회(조총련)'에 속한 사람도 많아요. 이런 사정 탓에 '재일 동포'를 모두 '재일한국인'이라고 부를 수 없습니다.

주로 일제 강점기 때 일본에 건너온 재일코리안들은 차별과 멸시의 대상이었어요. 학교를 졸업한 뒤에도 '야키니쿠[燒肉]'(불고기 식당)나 사행성 오락장인 파친코 외에는 취직자리를 구하지 못했다고 합니다. 재일코리안들은 차별을 피하려고 일본 이름을 '통명通名'으로 쓰는 경우가 많습니다. 〈GO〉의 주인공도 스기하라라는 '통명'을 써왔어요. 재일코리안은 2021년 말 기준으로 43만 명에 달합니다.

Q   #일본에_사는_코리안 #재일_동포 #차별과_편견 #조선_국적 #한국_국적 #불리는_이름_통명

전시작전권

전쟁이 났을 때
누가 작전을 통제하고 지휘할까?

한국전쟁이 발발한 뒤 3주가 지난 1950년 7월 14일, 대한민국 국
군의 지휘권은 유엔군 사령관에게 넘어갑니다. 북한군이 파죽지
세로 밀고 내려오면서 통째로 나라를 내줄 위기 상황이었으니 작
전통제권 이양은 불가피했어요. 이후 작전통제권은 미군이 사령
관을 맡는 한미연합사령부가 갖게 됩니다. 작전통제권은 전시와
평시로 나뉘어요. 주권 국가가 평상시에도 군사 지휘권을 갖지
못하는 처지라면 온전한 주권 국가라고 하기 어렵죠.

　이런 '비정상'이 지속되다가 1988년 취임한 노태우 대통령
때 비로소 미국과 작전권을 돌려받는 협상을 시작합니다. 한미
양국은 1993년에 평시작전권을 돌려받고 2년 뒤인 1995년 전시
작전권까지 돌려받는 데 합의했어요. 하지만 북한의 핵 개발 문
제로 1994년 한반도가 전쟁 위기에 치닫자 전시작전권 환수는
무기한 연기되고 말아요.

　다시 노무현 대통령이 미국과 협의해 2012년에 돌려받기로

하지만 이명박 정부가 2015년으로 한차례 미뤘고, 박근혜 정부는 환수 시점을 정하는 대신 한국군의 능력과 주변 안보 환경 등의 '조건'이 충족된 뒤 넘겨받는 것으로 바꾸어요.

이 조건이라는 게 '귀에 걸면 귀걸이 코에 걸면 코걸이' 격이어서 미국이 넘겨주지 않기로 작정하면 사실상 돌려받을 방법이 없게 되었어요. 어떤 전문가는 '신호등을 여러 개 설치해놓고 파란불을 켜는 권한을 미국에 준 것'이라고 비유하기도 했어요. 문재인 정부 들어 다시 전작권 환수를 위해 국방비를 역대급으로 늘리고 미국산 최신무기를 대거 사들였지만, '조건에 기초한 전환' 방침이라는 장애물은 결국 뛰어넘지 못했어요.

게다가 국제 환경은 미국과 중국의 갈등이 '신냉전'으로 불릴 정도로 심각해지고 있어 전시작전권(전작권)을 과연 돌려받을 수 있을지 의문이에요. 미국으로서는 중국을 견제하는 인도-태평양 전략을 원활히 펼치려면 전초기지 격인 한반도에서의 작전권을 쥐고 있는 게 편하기 때문이죠. 그러나 아무리 한·미 동맹관계라고 해도 양국의 이해가 늘 100% 일치하는 것이 아닌 만큼 군의 작전권을 타국에 맡겨두는 것은 바람직하지 않습니다.

Q #국군_지휘권 #작전통제권 #한미연합사령부 #전시 #평시 #주권_국가 #전작권_회수 #작전권

정전협정·판문점
전쟁, 잠깐 스톱!한 지 70년,
한반도에 감도는 불안한 평화

한국전쟁이 끝난 지도 70년이 넘었지만, 한반도는 냉전 상태가
지속되고 있습니다. 이는 전쟁 당사자들이 전쟁을 공식적으로 끝
내지 않았기 때문이에요.

1953년 7월27일 미군과 북한, 중국군의 대표가 판문점에서
만나 정전停戰 협정을 체결했어요. 정전은 '교전군 쌍방간의 합의
에 따라 일시적으로 전투행위를 중지하는 것'이란 뜻입니다. 그
런데 '일시적으로 전투를 중지한' 상태가 70년 넘게 지속되다니,
이상하지 않나요?

보통은 전쟁한 나라들끼리는 강화講和조약, 혹은 평화조약을
체결합니다. 정전협정(제4조 60항)에도 협정이 발효된 지 3개월
안에 교전국들이 한반도 문제의 평화적 해결을 논의할 고의정치
회담을 열도록 권고하는 내용이 담겼어요. 이에 따라 정전 이듬
해인 1954년 4월 스위스 제네바에서 남북한과 미국, 소련, 중국
등 19개국이 모여 전쟁을 공식적으로 끝내고 평화 협정을 체결하

는 문제, 한반도를 어떻게 통일할 것인지를 놓고 토론을 벌였어요. 하지만 양쪽 의견이 너무 달라 통일 방안은 물론이고 평화 협정도 체결하지 못했죠. 평화 협정을 위한 논의는 그 이후로도 이루어지지 못했어요. '전쟁의 급한 불'을 끄기 위해 임시 체결된 정전 협정에 의해 불안한 평화가 이어지고 있는 까닭입니다.

정전 협정이 체결된 판문점은 남북 어디에도 속하지 않은 중립지대가 됩니다. 유엔군과 북한군이 이곳을 공동으로 경비하기로 했고, 그래서 '공동경비구역Joint Security Area'이라고 합니다. 판문점 공동경비구역은 남북 간 경계가 없어 양측 군인들이 자유롭게 오갈 수 있었어요. 하지만 1976년 8월 북한군이 미군 장교 2명을 살해한 '도끼만행 사건'이 벌어진 뒤로는 판문점 안에도 분단선이 그어지게 됩니다.

2018년 4월 남북정상회담 때 문재인 대통령과 김정은 국무위원장이 판문점의 남북을 가르는 경계석을 사이에 두고 만나 악수한 뒤 손을 잡고 경계석을 넘어 북측으로 갔다가 다시 남측으로 넘어오던 장면을 기억하나요? 남북이 뜻만 맞으면 경계는 언제든 허물 수 있음을 보여준 퍼포먼스였어요.

🔍 #전투행위_중지 #평화_협정 #판문점 #중립지대 #공동경비구역 #분단선 #남북_간_경계

제네바 합의
북한과 미국이 맺은 첫 평화 합의

제2차 세계대전 막바지에 미국이 일본 히로시마[廣島]와 나가사키[長崎]에 원자폭탄을 투하해 수십만 명이 희생된 사건을 알고 있나요? 핵무기의 위력을 실감한 강대국들은 뒤질세라 핵무기 개발에 성공했어요.

핵 경쟁이 심화되면서 인류에 재앙을 가져올 것이라는 우려가 커지자 1968년 핵확산방지조약이 만들어져요. 핵무기가 무분별하게 제조·사용되는 것을 막기 위해 이미 핵무기를 가진 5개국 외에는 핵무기를 보유하지 못하도록 하는 것이 핵심 내용이에요. 원자력발전소 건설처럼 핵을 평화적으로 이용하려는 국가들도 조약에 가입하도록 했습니다.

영변에 흑연감속로형 원자로를 가동해온 북한도 1985년, NPT에 가입했습니다. 조약에 가입하면 국제원자력기구IAEA와 안전조치 협정을 체결해야 합니다. 원자로를 돌려 몰래 핵무기 개발을 해왔는지를 검증하는 절차인데요, 이 과정에서 북한이 거짓 보고서를 제출했다는 논란이 일었습니다. 북한은 플루토늄을 90g만 추출했다고 신고했지만, IAEA는 훨씬 많은 플루토늄을 생산했다고 의심하면서 특별사찰을 요구한 것입니다.

이에 북한이 NPT를 탈퇴하겠다고 으름장을 놓으면서 핵 위기가 본격화됩니다. 때마침 한국군과 미군이 합동군사훈련을 벌이자 북한도 '준전시 상태'를 선포하면서 한반도에 전운이 감돌게 되죠. 북한은 1994년 6월 13일 IAEA 탈퇴를 선언했고, 미국도 영변 핵시설 폭격을 검토하는 일촉즉발의 상태로 치달았습니다.

1994년 6월 15일 미국의 지미 카터 전 대통령이 평양으로 날아갔어요. 직접 김일성 주석을 만나 타협을 끌어냄으로써 위기는 진정됩니다. 북한과 미국은 1994년 10월 21일 제네바 합의Geneva Agreed Framework를 체결합니다. 북한이 핵 개발을 중단하는 대신 미국은 핵무기 원료를 추출할 수 없는 경수로형 핵발전소를 북한에 지어주고, 발전소를 짓는 동안 석유(중유)를 제공하기로 했습니다. 또 북·미 관계를 정상화할 계획도 담겼어요.

제네바 합의는 한국전쟁 이후 줄곧 적대관계였던 북한과 미국이 처음 맺은 평화 합의이기에 의미가 큽니다. 양쪽이 합의를 성실히 이행했더라면 동북아시아에 평화가 정착될 수 있었을 텐데 그러지 못해 아쉬움이 크죠.

Q #핵_경쟁 #핵확산방지조약 #국제원자력기구 #안전조치_협정 #준전시_상태 #평화_합의

081

제주 4·3 사건
네? 빨갱이라고요?
억울하게 희생된 민중을 기억해요

제주도 조천읍 북촌리에서 살아온 주민 대부분은 같은 날에 제사를 지냅니다. 1949년 1월 17일 북촌리 주민 300여 명이 한꺼번에 목숨을 잃었기 때문입니다. 무슨 일이 있었을까요?

시간은 1947년으로 거슬러 올라갑니다. 그해 3월 1일 제주북초등학교에서 3·1절 기념집회가 열립니다. 그런데 집회 도중 한 아이가 경찰이 타고 가던 말에 치여 쓰러졌어요. 사과도 없이 지나치는 경찰에 격분한 시위대가 돌을 던지며 항의하자 경찰은 총을 쏘았습니다. 이로 인해 6명이 사망했어요.

분노한 주민들이 3월 10일 총파업으로 항의하지만, 미군정은 이들을 좌익으로 몰아 탄압했어요. 육지에서는 경찰이 대거 파견됐고, 폭력 극우단체인 서북청년회(서청) 단원들도 '빨갱이를 잡겠다'며 제주에 들어옵니다. 경찰은 파업 주모자들을 대량으로 검거해 고문했고, 서청은 테러를 일삼았습니다. 1948년 3월 경찰의 고문으로 3명이 숨지는 사건이 벌어지자 제주의 민심은 폭발

합니다. 마침내 1948년 4월 3일 청년무장대가 무장봉기를 시작합니다. 제주도는 내전이나 다름없는 상태가 되었고, 총선거도 치를 수 없게 됩니다.

1945년 8월 대한민국 정부가 수립되자 이승만 초대 대통령은 10월 육지의 군 병력을 대거 투입해 강도 높은 진압 작전에 나섭니다. 해안에서 5km 이상 들어간 중산간中山間 지대를 오가는 이는 폭도로 간주해 총살하겠다고 선언합니다.

진압군은 중산간 마을에 불을 지르고 주민들을 마구잡이로 학살했어요. 중산간을 떠나 해안으로 내려온 사람들도 무장대에 협조했다며 살해당했고, 무장대도 경찰 가족 등을 살해하면서 수많은 사람이 죽어갔습니다. 제주 4·3사건은 7년 7개월에 걸쳐 일어났고, 이 사건으로 제주 인구의 10분의 1인 2만 5천 명에서 3만 명이 숨진 것으로 추정됩니다. 북촌리 주민들도 이때 살해되었어요.

냉전과 맞물려 한반도에서 벌어진 이념 대립 과정에서, 공권력이 과도한 폭력을 행사하며 벌어진 역사의 비극이지요. 하지만 사건의 진상이 알려지기까지 50년이란 세월이 걸렸어요.

제주도를 방문한다면 멋진 풍경도 좋지만, 4·3평화공원과 기념관도 방문해보세요. 아프지만 잊어서는 안 되는 역사를 마주할 기회가 될 거예요.

Q #제주도 #북촌리 #탄압 #테러 #민심_폭발 #청년무장대_무장봉기 #진압작전 #공권력_남용

082

주한미군·SOFA

한국에 주둔하는 미국 군인 그리고 한국에 불평등한 조약

한국전쟁을 계기로 한국과 미국은 상호방위조약을 맺었지요. 이 한미 상호방위조약을 근거로 미군은 한국에 주둔합니다. 주한 미군은 미군의 인도·태평양 사령부에 소속되어 있으며, 한미연 합사령부의 지휘를 받습니다. 주한미군 규모는 2022년 현재 2만 5,000여 명이에요. 주한미군사령부와 미8군 등 주요 부대가 경기 도 평택에 새로 만들어진 미군기지로 옮겼지만, 대구, 군산, 진해 등 전국 각지에 여전히 미군 부대가 남아 있어요.

주한미군이 남북 대치 상황에서 전쟁을 막는 데에 도움이 되 었던 것은 사실이에요. 다만, 주한미군이 한국을 위해서만 주둔 하고 있는 것은 아닙니다. 중국에 인접한 한국은 미국의 동아시 아 군사 전략상 주요 거점이거든요. 주한미군을 유지하는 것이 미국 입장에서도 이익이라는 뜻입니다.

이런 점을 감안하면 미군 주둔으로 발생하는 문제의 처리가 불공정해서는 안 되겠죠. 미군이 주둔하는 데 따르는 여러 사항을 규정하는 '주한미군지위협정Status of Forces Agreement, SOFA'은 한국에 매우 불평등한 조약입니다. 1967년 체결된 SOFA에 따르면 미군이 한국에서 살인, 강간 등 중대 범죄를 저질러도 예외적인 경우가 아닌 이상 구금할 수 없게 되어 있어요. 미군이 범죄를 저지른 뒤 부대에 들어가버리면 사실상 수사할 수 없게 되죠.

2002년 한국이 월드컵 열기로 뜨거웠을 때, 중학생 미선이와 효순이가 갓길을 걷다가 미군 장갑차에 깔려 숨지는 참변이 발생했어요. 하지만 공무 중 저지른 범죄는 한국이 재판권을 가질 수 없어 미군 군사법원에서 재판이 열렸고, 무죄를 선고받았답니다.

환경오염 문제도 있어요. 미군기지가 평택으로 이전하자 정부는 서울 용산 미군기지 부지를 공원으로 조성해 시민들에게 개방하기로 했어요. 그런데 이곳의 토양과 지하수 오염이 공원으로 만들기에 부적합할 정도로 심각한 것으로 드러났어요. 본래는 미군이 정화 비용을 부담해야 하지만 미군은 '실질적인 위험에만 정화 비용을 부담한다'는 SOFA 규정을 들어 버티고 있습니다. 건강한 한미동맹을 위해서도 SOFA 개정의 필요성은 여전히 제기되고 있습니다.

Q #한미동맹 #한미_상호방위조약 #주둔 #주한미군지위협정 #미선이와_효순이 #장갑차 #환경오염

083

중국몽
일장춘몽이 되지 않으려면
지구촌 이웃도 배려해야 해요

미국이 풍요의 상징이던 시절, 세계 각지에서 '아메리칸 드림 American Dream'을 좇아 미국으로 이민 간 사람이 많았어요. 아메리 칸드림은 '미국에서는 누구라도 열심히 일하면 자유와 경제적 풍요를 누릴 수 있다'는 뜻으로 통했어요. 하지만 모두가 꿈을 이루지는 못했던 것 같아요.

요즘은 아메리칸드림 대신 '중국몽中国梦'이라는 말이 많이 들려요. '중국의 꿈'을 뜻하는 중국몽은 시진핑 주석이 2012년 당대회에서 꺼낸 말이에요. 시 주석은 "중화민족의 위대한 부흥"이 "중화민족의 꿈"이라고 했어요. 중국의 힘을 강력하게, 또 중국인의 생활을 풍요롭게 해 과거의 영광을 되살려보자는 뜻이 담겼어요. 시진핑 주석의 이 말은 중국이 앞으로 어떤 방향으로 나아갈지를 가리키는 나침반 역할을 하고 있어요.

중국몽을 실현하기 위해 중국은 여러 방면에서 다양한 정책을 펼치고 있어요. 그 대표적인 것이 '일대일로一带一路'로 불리

는 정책입니다. 과거 동서양을 연결하는 교역로인 실크로드(비단
길)를 배운 적 있나요? 이를 육상·해상에서 되살려 중국과 세계
를 연결하는 프로젝트가 일대일로입니다. 중국에서 중앙아시아
와 동남아시아, 인도와 튀르키예를 거쳐 유럽과 아프리카까지 도
로와 철도, 항구 등을 짓겠다는 구상입니다. 참가하는 국가들에
중국은 자금과 기술을 아낌없이 지원했어요. 중국 중심의 거대한
경제권을 만들려는 목적뿐 아니라 중국에 정치적으로 우호적인
나라를 만들려는 의도도 깔린 것으로 보여요.

군사적으로는 미국에 맞설 만한 강한 군대를 육성하고 있어
요. 대만 문제를 비롯해 남중국해 영토 분쟁 등 미국과 갈등할 만
한 현안들이 적지 않기 때문이에요. 중국은 꾸준히 국방예산을
늘리는 한편 군의 현대화를 추진하고 있어요.

중국몽이라는 목표 아래 중국이 경제적, 군사적으로 빠르게
성장한 것은 여러 수치로 확인됩니다. 하지만 '차이나 머니'를 대
가로 개발도상국들을 군사기지로 삼거나 정치적 영향력을 강화
한다는 비판도 나오고 있어요.

🔍 #아메리칸_드림 #중국의_꿈 #시진핑 #일대일로 #실크로드 #차이나_머니 #거대한_경제권

지정학
지리적 환경을
장점으로 바꿀 수도 있다고

앞서 살펴보았던 영세중립국들은 지리적으로 강대국들에 둘러싸여 있어 분쟁에 휘말리기 쉬운 나라들이에요. 한국도 대륙과 일본을 연결하는 징검다리 같은 위치 탓에 역사적으로 많은 갈등에 휘말려왔어요. 지리적 환경이 국제정치에 어떻게 영향을 미치는지를 연구하는 학문을 지정학地政學이라고 해요.

지정학은 오늘날의 국제정치를 살펴보는 데에 매우 유용한 분석 방법이에요. 멀리 갈 것 없이 대륙 세력과 해양 세력의 각축장인 한반도가 풍부한 지정학적 연구사례이죠. 한반도는 2,000여 년 동안 중국, 북방 세력과 끊임없는 충돌을 벌여야 했어요. 1592년 일본이 명나라를 정벌하러 가니 길을 내어달라며 조선을 침략한 임진왜란이 벌어졌죠. 일본은 명나라와 휴전 협상을 하면서 조선을 반으로 나눠 갖자며 제안하기도 했어요.

한반도 분할 방안은 19세기 말 러시아와 일본 사이에서도 논의되었어요. 위도 38도선 혹은 39도선을 경계로 조선을 나눠 갖자는 일본 제안을 러시아가 거부하자 러·일전쟁이 벌어져요. 2차 세계대전이 끝난 뒤에는 패전국도 아닌 한반도가 38도선을 경계로 분단되고 말았어요. 미국은 소련이 한반도 전체를 차지하지 못하도록 분할을 제의했고, 소련이 이를 수락한 결과였어요.

독일과 러시아 사이에 긴 폴란드도 한반도와 비슷한 처지였어요. 폴란드도 18세기에 러시아와 독일, 오스트리아에 의해 분할되었고, 2차 세계대전을 거치며 영토 일부를 소련에 영원히 빼앗기는 아픔을 겪었죠.

지정학은 한때 전쟁을 정당화하는 데에 이용되기도 했어요. 히틀러의 나치 독일은 '영토를 넓혀 독일 민족이 살아갈 공간을 마련해야 한다'며 전쟁을 정당화하는 논리를 만들기 위해 지정학 연구를 지원하기도 했어요. 이런 이유로 지정학은 2차 세계대전 이후 한때 외면받기도 했습니다.

하지만 냉전 시기 세계 각지에서 전쟁이 발생하면서 지정학이 다시 부각되었어요. 그런데 강대국으로 둘러싸여 있는 한국의 지정학적 숙명을 장점으로 바꿀 길은 없을까요? 지혜와 노력을 모으면 한반도를 중심으로 '평화의 동심원'을 그려나갈 수 있지 않을까 상상해봅니다.

🔍　#정치_현상과_지리적_조건 #한반도 #러일전쟁 #분단 #폴란드 #전쟁_정당화_수단 #영토_확보

085

집단적자위권

너 괴롭힌 게 누구야?
우리가 가만히 안 있지!

어떤 나라가 외국의 무력 공격을 받을 경우 그에 맞서 응당한 조치를 취할 권리를 자위권自衛權, right of self-defense이라고 해요. 이는 국제법에도 보장된 정당방위 조치입니다.

자위권 중에는 '집단적 자위권collective self-defence'이라는 것도 있어요. 직접 공격받지 않더라도, 인접한 국가 또는 동맹의 분쟁에 개입해 무력을 행사하는 권리를 가리켜요. 미국과 유럽 국가들로 구성된 북대서양조약기구NATO의 경우 회원국이 공격받으면 회원국 전체에 대한 공격으로 간주해 공동 대응하는 '집단방위 의무'가 있거든요. 이것이 집단적 자위권입니다.

그런데 일본 관련 뉴스에 한동안 집단적 자위권이 등장했어요. 일본은 2차 세계대전에서 패배한 뒤 미군의 지배를 받던 1946년 헌법을 제정해 전쟁할 권리를 포기하기로 했죠. 헌법 9조 1항에 "전쟁과 무력에 의한 위협 또는 무력행사를 영구히 포기한다", 2항에 "육·해·공군, 그 밖의 전력을 보유하지 않는다"고 되어 있어요. 일본 헌법이 '평화헌법'으로 불리게 된 까닭이죠. 헌법에 따라 일본에는 군대가 없을 뿐 아니라 공격은 하지 않고 방어만 하는 원칙(전수방위)이 확립되었어요. 또 자위권은 갖되, 집단적 자위권은 인정되지 않았습니다.

그러나 일본은 자위대의 활동 범위를 조금씩 넓혀갔고, 군비 증강에도 열을 올렸습니다. '전쟁할 수 있는 나라'를 꿈꿔온 아베 신조 총리가 2014년 '필요한 경우 최소한의 집단적 자위권은 허용된다'는 해석을 내리게 되죠.

이렇게 되면 일본은 동맹국인 미국이 주도하는 전쟁에 참가할 수 있게 됩니다. 70년 가까이 이어온 방침을 바꾼 이유로 일본 정부는 국제 정세 급변을 들었어요. 패권국가로 부상하는 중국을 미국과 함께 견제하겠다는 취지입니다.

문제는 집단적 자위권 허용으로 일본 군사력이 한반도 사태에 개입할 수 있는 길이 열리게 됐다는 점이에요. 한반도 유사시 동맹인 미국이 개입하게 될 것이고, 일본도 미군을 지원한다는 명분으로 들어올 수 있다는 것입니다. 일제 강점기를 겪었던 한국으로서는 받아들일 수 없는 일이죠.

Q #방위에_나설_권리 #공동_대응 #집단방위_의무 #평화헌법 #전수방위_공격_없이_방어만 #동맹

징병제·모병제
군 입대에 대한 새로운 제도를
논의할 필요가 있어

2022년 대통령 선거에 출마한 여러 후보가 모병제募兵制를 도입하겠다는 공약을 내놨어요. 군대에 의무적으로 입대하는 게 아니라 지원자들을 모집하는 방식으로 바꾸겠다는 것인데요. 언젠가 입대해야 하는 사람들은 물론이고 그 가족들에게도 눈이 번쩍 뜨일 공약이었을 것 같아요.

현재 한국은 징병제를 택하고 있어요. 적령기의 남성은 원칙적으로 누구나 군에 입대해야 한다는 거죠. 대한민국 헌법 39조에 국방의 의무가 규정돼 있고, 병역법에는 '대한민국 국민인 남성은 대한민국 헌법과 이 법에서 정하는 바에 따라 병역의무를 성실히 수행하여야 한다' '18세부터 병역 준비역에 편입된다'고 되어 있어요.

사병은 징병제를 기본으로 하되 장교와 준사관, 하사관 등은 지원받아 선발하죠. 사회복무요원, 대체복무요원 등으로 병역 의무를 대신하는 경우도 있습니다. 모병제는 이런 징병제와 반대되는 개념입니다.

　　정치권에서 모병제 논의가 나오는 가장 큰 이유는 청년 인구가 급격하게 줄어들고 있기 때문입니다. 한국국방연구원이 통계청 장래인구추계를 고려해 분석한 결과 징병할 수 있는 인력이 2021년 28만 명에서 2040년에는 13만 명으로 줄어들 것으로 예상되었어요. 인구 자체가 줄어드는 '인구절벽'이 다가오는 상황이니 새로운 군 제도에 대한 논의가 어느 때보다 필요하다는 것이죠.

　　또 군사 기술과 시설, 장비 등 무기 체계가 고도화되면서 병력의 규모보다는 현대화가 더 중요하다는 주장도 있어요. 군 복무를 강제하기보다 복무를 원하는 인력에게 합당한 대우를 하면서 활용하는 것이 군 전력의 효율성 차원에서도 바람직하다는 의견도 있습니다.

　　물론 북한과의 대치 등 현재 안보 상황을 고려하면 아직은 모병제보다는 징병제를 유지해야 한다는 의견이 우세합니다. 안보상의 이유 등으로 징병제를 도입하고 있는 나라는 북한, 이스라엘, 튀르키예, 그리스, 쿠바 등입니다.

🔍　#의무적_병역_의무_징병제 #병사를_모집하는_모병제 #대체복무 #현대화 #효율성 #안보

청일·러일전쟁
전쟁의 장이 된 한반도,
조선을 차지하기 위한 큰 전쟁

19세기 말부터 20세기 초에 걸쳐 한반도 안퓖을 전장戰場으로 하는 두 번의 큰 전쟁이 벌어집니다. 조선을 차지하기 위한 중국(청나라)과 일본, 러시아 간의 다툼이 전쟁으로 번졌습니다. 일본은 10년 간격으로 벌어진 청일전쟁(1894~1895)과 러일전쟁(1904~1905)을 모두 승리하면서 조선의 지배권뿐 아니라 동아시아의 패권을 쥐게 됩니다.

1894년 동학농민운동이 발생하자 조선 정부는 청나라에 지원을 요청합니다. 청·일 간에는 조선에 출병할 때 서로 통보하기로 한 톈진조약을 맺은 터라 일본도 파병합니다. 운동이 진압된 뒤에도 일본은 군대를 물리지 않은 채 조선의 지배권을 확보하려 움직여요. 한성(서울)의 왕궁과 사대문을 장악한 일본군은 총구를 돌려 아산만에 주둔 중인 청군을 공격하면서 전쟁이 시작됩니다. 파죽지세로 청군을 격파한 일본군은 조선을 넘어 중국 랴오둥 반도·발해(보하이이)만·산둥반도까지 장악했어요. 전쟁에서 승리한 일본은 타이완을 넘겨받아 식민지로 만들었습니다.

이렇게 되자 동아시아 진출을 꾀해온 러시아가 일본 견제에 나섰어요. 러시아가 중국에서 벌어진 의화단 사건을 계기로 만주를 사실상 점령하자 일본은 1904년 2월 러시아와 국교단절을 선언하면서 전쟁을 시작했어요. 인천 앞바다와 대한해협, 만주 등을 무대로 벌어진 러일전쟁은 만반의 준비를 한 일본의 승리로 돌아갔어요. 러시아는 세계 최강이라는 발트 함대Balt 艦隊가 대한해협에서 일본 해군에 격침당하는 치욕을 겪기도 했습니다.

러일 양국은 미국의 중재로 1905년 9월 포츠머스 강화조약을 맺고 전쟁을 끝냅니다. 이 조약을 계기로 일본은 한반도의 지배권을 확립합니다. 일본은 전쟁 직전인 1904년 1월 한성(서울)을 공격해 황궁을 점령한 뒤 조선을 일본의 군사기지로 쓰도록 하는 한일의정서를 강요합니다. 러일전쟁이 끝난 뒤인 1905년 7월 일본의 한국 지배권을 인정받는 비밀 협정(가쓰라 태프트 밀약)을 미국과 맺습니다. 한 달 뒤에는 영국으로부터 한국의 지배권을 인정받는 제2차 영일동맹조약을 체결합니다. 1905년 11월 17일 정지 작업을 끝낸 일본은 을사늑약을 강요해 조선의 외교권을 박탈해버립니다.

Q #일본_동아시아_패권_장악 #포츠머스_강화조약 #한일의정서 #가쓰라_태프트_밀약 #을사늑약

크림반도
여전히 되풀이되는 전쟁의 비극

"우리는 크림반도를 되찾을 것이다. 러시아가 우리의 크림반도를 점령하고, 돈바스를 탈취하려고 시도하면서 시작된 이 전쟁은 크림반도에서 끝나야 한다."

수개월째 러시아와 전쟁을 벌여온 우크라이나의 볼로디미르 젤렌스키 대통령은 2022년 8월 23일 독립기념일을 앞둔 기자회견에서 크림반도를 되찾겠다고 강조했어요. 대체 얼마나 중요하기에 전쟁의 시작과 끝을 크림반도라고 한 걸까요?

크림반도는 우크라이나 남부, 흑해 쪽으로 뻗어 나와 있는 반도입니다. 기후가 온화하고 농토가 비옥한 데다 겨울에 얼지 않는 '부동항'이기 때문에 18세기 후반 러시아에 병합된 이래 크림반도는 전략적인 거점이었어요. 세바스토폴의 해군기지에는 러시아가 자랑하는 '흑해함대'가 있어요.

그런데 1954년 니키타 흐루쇼프 소련 공산당 서기장이 크림반도를 우크라이나에 양도합니다. 같은 소비에트 연방에 속한 러

시아, 우크라이나 두 나라 간 친선의 뜻을 담은 조치였지만, 분쟁의 씨앗이 되었어요.

크림반도의 주민은 200만 명 정도로 약 60%가 러시아계, 우크라이나계가 24.5% 정도이고 타타르계 주민들이 12% 정도입니다. 소련 연방이 무너진 1990년대 들어 주민들은 독립 공화국을 원했지만, 우크라이나 소속의 자치공화국으로 남게 됩니다. 자체 행정수반과 의회를 선출하고 이를 우크라이나로부터 인준받은 것이었죠.

그런데 크림반도 주민들은 2014년 투표를 통해 러시아 귀속을 결정했어요. 주민들의 자발적 선택이라고 하지만 러시아가 무력으로 주요 시설을 점령한 뒤였기 때문에 사실상 강제 병합이라고 지적받았어요. 러시아는 우크라이나를 침공할 때도 러시아계 주민이 많은 돈바스 지역의 주민을 보호한다는 명분을 내세웠죠.

전쟁이 일어난 지 7개월 만에 민간인 5,000여 명이 사망했고, 러시아 군은 1만 5,000여 명이 숨진 것으로 추정됩니다. 전쟁을 피해 난민이 된 사람도 750만 명을 넘어섰습니다. 21세기에도 여전히 전쟁의 비극이 되풀이되는 현실이 안타깝습니다. 어떤 명분의 전쟁이든, 전쟁이 벌어지면 수많은 사람이 목숨과 삶의 터전을 잃습니다. '좋은 전쟁'이란 없다는 것을 모두가 새겼으면 좋겠습니다.

🔍 #우크라이나 #젤렌스키_대통령 #부동항 #자치공화국 #강제_병합 #2022년 #전쟁 #난민

크메르루주
피로 물든 신들의 낙원

동남아시아 국가 캄보디아에 있는 건축 유적 앙코르 와트Ankor Wat 사원은 '지상의 천국' '신들의 낙원'이라고도 불립니다. 신이 쉬어갈 정도로 아름다운 건축물이라는 뜻이에요. 옛 크메르 제국 시절인 12세기에 지어진 이 사원은 고도의 건축기법이 동원되었고, 보존 상태도 뛰어나 유네스코 세계문화유산에 등재되었어요. 캄보디아 국기에도 그려져 있을 정도로 앙코르와트는 캄보디아의 자랑입니다.

그런데 '캄보디아' 하면 앙코르 와트보다 '킬링필드Killing Field' 라는 무시무시한 말을 떠올리는 사람들도 적지 않아요. 급진 공산주의 무장세력 크메르루주Khmers Rouges가 집권한 1975년부터 1979년까지 4년간 200만 명의 주민을 학살한 사건을 가리켜요. '붉은 크메르'라는 뜻의 크메르루주는 왜 이렇게 끔찍한 학살을 저질렀을까요?

비극은 이웃 베트남에서 벌어진 전쟁과 관련이 큽니다. 1949

년 프랑스에서 독립한 캄보디아는 중립 외교를 펼쳐왔어요. 그러다 1965년 미국이 이웃 북베트남을 폭격하자 시아누크 국왕은 미국과 단교합니다. 그러자 미국은 캄보디아에 대한 보복 공격에 나서 많은 주민이 희생됩니다. 혼란에 빠진 캄보디아에는 친미 정권이 들어섰고, 시아누크 국왕은 쫓겨나죠.

하지만 캄보디아 내부에서는 사회주의 북베트남을 돕자는 세력도 있었어요. 캄보디아 정권은 미국과 베트남 사이에서 갈피를 잡지 못했죠. 이 틈을 타고 공산주의 무장단체인 크메르루주가 1975년 정권을 장악합니다.

크메르루주의 지도자 폴 포트Pol Pot는 무자비한 독재자였어요. 전쟁으로 피폐해진 경제를 돌볼 생각보다 정치적 반대파를 숙청하는 데 골몰했어요. 군인, 지식인, 농민과 노동자 등을 가리지 않고 학살했습니다. '킬링필드'는 이렇게 희생된 이들을 집단 매장한 지역을 가리키며, 캄보디아에 2만여 곳이 있다고 해요.

유엔과 캄보디아 정부 간 협약으로 2006년 출범한 유엔 크메르루주 전범특별재판소ECCC는 2018년 정권의 집단학살을 유죄로 인정했습니다. 하지만 최고지도자인 폴 포트는 1998년 숨져 법정에 설 수 없었습니다.

🔍 #캄보디아 #킬링필드 #붉은_크메르 #주민_학살 #집단_학살 #베트남_전쟁 #전범특별재판소

테러리즘
국가 정치에
거대한 공포를 이용하다니

테러는 '거대한 공포'라는 뜻을 가진 라틴어 Terror에 뿌리를 둔 말입니다. 폭력이나 무력으로 인한 공포 그 자체를 뜻하지만, 오늘날 테러는 어떤 집단이나 단체가 특정한 이념적, 정치적 목적 아래 폭력과 공포를 동원하는 행위를 뜻해요. 테러리즘terrorism도 비슷한 뜻이어서 테러와 구분 없이 쓰여요. 테러리즘이라는 말은 18세기 프랑스혁명 이후의 '공포정치' 시기에 등장했어요. 정권을 잡은 막시밀리앙 로베스피에르Maximilien Robespierre가 혁명에 반대하는 이들을 마구잡이로 처형했어요. 폭력을 바탕으로 공포 분위기를 조성하는 정치를 공포정치 즉, 'Terreur'라고 불렀습니다.

19세기에는 러시아 무정부주의자들이 국가 지도자를 살해하는 테러를 벌였고, 아일랜드 독립을 꾀하던 세력들이 영국 런던 등에서 폭발물 테러를 일으켰어요. 테러의 배경으로는 억압적인 정권, 불평등, 빈곤, 부패, 종교 분쟁 등을 꼽을 수 있습니다.

특히 1990년대 이후 이슬람 극단주의 세력에 의한 테러가 늘어났어요. 2001년 9월 11일 오사마 빈 라덴Osama bin Laden이 이끄는 알카에다al-Qaeda가 비행기를 납치해 미국 뉴욕의 세계무역센터WTC의 쌍둥이 빌딩에 돌진한 9·11 테러는 전 세계에 충격을 줬지요. 앞에서도 보았지만 9·11 테러 이후 미국은 보복으로 아프가니스탄 전쟁과 이라크 전쟁을 벌입니다.

2004년에도 스페인 마드리드에서 북아프리카 출신의 무슬림(이슬람교 신도)들이 이라크 파병에 반대하며 벌인 열차 테러로 약 200명이 숨지는 참사가 발생했어요. 프랑스 파리에서도 2015년 이슬람 극단주의 무장단체인 이슬람국가IS가 배후인 폭탄 총격 테러로 130여 명이 목숨을 잃었습니다. 난민, 이민자를 향한 극우세력의 테러도 자행되었습니다. 2019년 한 남성이 뉴질랜드 크라이스트처치의 이슬람 사원 두 곳에서 총기를 난사해 50여 명이 숨졌습니다. 당시 저신다 아던 뉴질랜드 총리의 대처가 주목받았어요. 그는 무슬림 이민자들을 위로하기 위해 히잡을 쓰고 현장을 찾았고, 일부러 테러범의 이름을 밝히지 않았어요. 테러를 통해 명성을 얻으려는 테러범의 의도를 거스르기 위한 것이지요.

통일비용·통일편익

눈앞의 비용만 보고
손해라고 할 수 있을까요?

'우리의 소원은 통일'이라는 노래를 들어봤나요? 1947년에 만들어진 이 노래는 당초 '우리의 소원은 독립'이었다가, 이듬해 교과서에 실리면서 '우리의 소원은 통일'로 바뀌었어요. 그런데 요즘은 이 노래를 듣기 어려워졌어요. 통일을 '민족 지상과제'로 여기던 예전과 달리 요즘은 남북이 꼭 통일해야 하는지 의문이라는 생각이 많아졌기 때문입니다.

통일연구원이 조사한 2021년 통일의식조사 결과를 보면 남북의 미래에 대해 '통일'을 선호한다는 응답은 25.4%에 그친 반면, '평화공존'을 선호한다는 응답은 56.5%로 나타났어요. 남북이 현재 상태로 평화롭게 공존하자는 의견이 우세해요.

왜 이렇게 통일에 부정적일까요? 통일에 드는 비용이 만만치 않을 것이라는 전망이 크게 작용한 탓입니다. 나의 삶을 나아지게 할 돈이 '통일비용'으로 들어가는 것을 사람들은 바라지 않는 것이죠. 2018년 영국의 한 자산운용사는 독일의 사례를 토대로 한반도의 통일 비용이 무려 2,100조 원에 달할 것으로 계산한 적도 있어요.

그런데 이렇게 계산된 비용들은 흡수통일을 염두에 둔 것들이 대부분이어서 신중하게 봐야 해요. 하나의 체제와 하나의 정부로 급격히 통일될 경우 비용이 그만큼 커질 수밖에 없어요. 공식 통일 방안인 '민족 공동체 통일 방안'에 있는 '남북 연합' 상태를 오래 유지하면서 격차를 조금씩 줄여나간다면 '통일비용'은 크게 낮아질 것입니다.

통일에는 비용만 발생하는 것이 아닙니다. 평소에 의식하지 못한 채 지출해온 '분단 비용'이 사라지고 통일 편익도 생기게 돼요. 가장 대표적인 분단 비용은 막대한 국방비인데요, 통일될 경우 남북의 병력을 감축하고 첨단 전력에 투자하면 적은 국방비로도 효율적인 국방력을 유지할 수 있게 됩니다.

경제적 효과도 살펴볼까요? 내수시장이 확대되면서 '규모의 경제' 효과가 발생하고, 북한의 풍부한 지하자원도 활용할 수 있어요. 남북 간의 군사적 긴장 상태가 해소되면 '코리아 디스카운트'로 불리는 한국경제의 저평가 현상도 해소될 수 있습니다.

🔍 #통일 #평화공존 #통일에_드는_비용 #남북_연합 #분단_비용 #국방비 #효율성 #규모의_경제

평양냉면·옥류관

유네스코 무형문화유산에 등재된
북한 고유의 식문화

여름철 별미로 꼽히는 냉면은 본래 북쪽 지방 음식이었습니다. 특히 평양 지방이 예로부터 냉면으로 유명했는데요. 18세기 만들어진 평양 지도에는 대동강 주변 거리에 '냉면가冷麵家'라는 지명이 있을 정도입니다. 냉면은 쌀농사에 적합하지 않은 평안도 일대에서 메밀을 국수로 만들어 먹던 것에서 유래했다고 해요. 메밀의 수확시기인 늦가을부터 겨울철에 주로 먹던 음식으로, 가을에 담가 겨우내 먹던 동치미 국물에 국수를 말아 먹다가 점차 고기국물을 섞어 지금의 냉면 육수가 탄생하게 돼요. 20세기 들어 냉동 기술이 발달하면서 여름철에도 먹을 수 있게 되었습니다.

　북한에서 가장 유명한 냉면집은 평양 대동강 변에 있는 옥류관이에요. 필자도 평양에 취재하러 갔다가 이곳에서 냉면을 먹어본 적이 있어요. 국수와 고명이 담긴 냉면 그릇을 먼저 내놓고, 종업원들이 육수가 담긴 주전자를 들고 식탁마다 다니며 그릇에 육수를 일일이 부어주던 기억이 나네요. 한옥 형태로 지어진 옥류관은 하루 5,000명의 손님을 받을 정도로 규모가 큰 식당이에요. 옥류관의 평양냉면은 쇠고기, 닭고기, 돼지고기를 우려낸 육수에 동치미를 섞어 만든다고 해요. 3가지 육류가 새콤달콤한 동치미 국물과 잘 어울려 그야말로 특별한 맛을 냅니다.

북한을 대표하는 음식인 만큼 냉면은 남북 교류 때 반드시 등장하는 메뉴였어요. 2000년 첫 남북정상회담 때 김대중 대통령도 옥류관에서 냉면을 먹었고, 2007년 남북정상회담을 위해 평양에 간 노무현 대통령도 옥류관에서 식사했어요. 2018년 문재인 대통령과 김정은 국무위원장이 판문점에서 만났을 때 김정은 위원장은 "오늘 저녁 만찬 음식 가지고 많이 얘기하던데, 어렵사리 평양에서부터 평양냉면을 가져왔다"며 "편안한 마음으로 맛있게 드셨으면 좋겠다"고 말했어요. 그러고 나서 "(평양냉면이) 멀리서 왔다"고 강조하다 옆에 앉은 여동생 김여정 당 제1부부장을 쳐다보며 "아, 멀다고 말하면 안 돼갔구나"라고 농담하며 회의장을 웃음바다로 만들었어요. 김 위원장의 '멀다고 하면 안 돼갔구나'라는 말이 한동안 한국에서 유행어가 되기도 했죠.

🔍 #평안도 #평양 #냉면 #대동강 #메밀 #동치미 #옥류관 #남북_교류 #음식의_역할 #외교

093

평화배당
평화를 목적으로 꿩 먹고 알 먹자

혹시 주변에 주식 투자하는 어른들이 있나요? 주식을 사면 그 회사의 주주株主가 됩니다. 그리고 경영을 잘해 발생한 이익을 주주들에게 나눠주는 회사도 있어요. 주주들에게 나누는 이 돈을 배당금이라고 합니다. 주가도 오르고 배당금도 받을 수 있다면 '꿩 먹고 알 먹는' 셈이죠.

배당이라는 말은 주식투자뿐 아니라 국제정치에서도 이따금 쓰입니다. 전쟁이나 갈등 상황이 마무리되면 경제적 이득이 발생하는 것을 가리켜 '평화배당peace dividend'이라고 해요.

1989년 12월, 미국 조지 부시 대통령과 소련 미하일 고르바초프 공산당 서기장이 정상회담을 통해 냉전을 끝내기로 합의해요. 냉전이 끝나면서 평화가 찾아오자 국가 예산을 전쟁 준비에 사용하는 대신 시민들의 삶의 질을 높이는 데에 쓸 여유가 생겼어요. 실제로 미국은 1990년대 5년간 500억 달러의 방위비를 줄여 민간 부문에 지출하겠다는 계획을 내놓기도 했습니다.

한국은 전체 GDP에서 국방비 비중이 세계에서 5번째(국방비 지출 상위 15개국 조사)로 높은 편이에요. 매년 북한의 10배가량 되는 돈을 국방비에 투자해왔는데, 앞으로도 더 규모를 늘리겠다고 했어요. 2021년에 발표한 '국방중기계획(2022~2026)'을 보면 국방예산을 연평균 6%씩 늘려 2026년 70조 원으로 늘리겠다고 계획했습니다. 이런 추세라면 2023년에는 일본보다 더 많은 돈을 국방비에 쓰게 될 거라고 해요. 일본 인구가 한국의 2.4배라는 점을 감안하면 한국 국민이 일본 국민보다 두 배 가까운 군사비 부담을 집니다. 남북이 대치하고 있기 때문에 치러야 하는 '분단 비용'인 셈이죠.

그런데 방위비가 이렇게 늘어나는 게 반가운 일일까요? 복지나 교육, 환경 등 삶의 질을 높이는 데 돈을 쓸 기회가 그만큼 줄어들게 되는 것이니 바람직하지 않습니다. 남북 간에 평화가 확고하게 정착된다면 앞서 미국이 했던 것처럼 국방비를 '평화 배당금'으로 돌릴 수 있어요. 이렇게 되면 학교 급식의 질이 더 좋아지고, 돈이 없어 병원에 못 가는 일이 줄어들고, 서민들이 비좁고 어두운 집에서 좀 더 좋은 집으로 옮길 기회가 늘어나요. 분단 비용이 줄고 평화 배당이 늘면 이런 멋진 일이 생겨요.

🔍 #냉전_종식 #재정_지원을_평화_목적으로 #삶의_질 #GDP #국방비 #군사비 #분단_비용

한국전쟁

남침, 북쪽'에서' 남쪽'을' 침범했다는 말이에요

몇 년 전, 고교생을 대상으로 한 설문조사에서 '한국전쟁은 북침인가'라는 질문에 69%가 그렇다고 응답한 것이 두고두고 화제가 되었습니다. 한자어 구조에 익숙지 않아 북한이 침략한 것을 '북침'으로 착각해 벌어진 해프닝인데요. 한국전쟁은 1950년 6월 25일 새벽에 북위 38도선 전역에 걸쳐 북한군이 기습 남침하여 일어난 3년 전쟁이 맞습니다. 한반도의 무력 통일을 꿈꾸던 김일성을 소련의 스탈린과 중국의 마오쩌둥이 지원하면서 시작된 전쟁입니다.

북한은 전쟁 사흘 만에 서울을 점령하며 한국군을 경상도까지 밀어붙였지만, 미군의 인천상륙작전으로 전세가 역전됐고 다시 북한 전역을 한·미가 점령하기 직전 중국이 참전하면서 지금의 휴전선 부근에서 교착상태를 보였습니다. 그러다 1953년 7월 27일 정전협정을 맺습니다. 이 전쟁으로 남북을 합해 250만 명이 희생(사망·실종)됩니다. 당시 남북한 전체 인구의 20%가 희생됐으니 가족당 1명 이상 피해를 본 셈입니다.

그런데 한국전쟁은 일본의 태평양전쟁 패전, 미국과 소련의 한반도 분할점령에 따른 남북 분단, 남북한의 정권 수립 과정에서 벌어진 갈등들을 모두 살펴봐야 전모를 제대로 이해할 수 있습니다. 일제 강점에서 해방된 한반도에서 통일 독립 국가를 세우려는 노력이 실패한 것도 전쟁의 원인이라고 할 수 있겠죠.

남북은 해방 후 5년 만에 이질적인 정치체제가 들어서면서 대립이 격화되었고, 38선에서는 1949년부터 '작은 전쟁'으로 불릴 정도로 무력 충돌이 이어졌습니다. 갈등이 쌓이면서 한반도에 '전쟁의 에너지'가 충만하게 된 것이죠.

한국전쟁은 남북 간의 전쟁이기도 하지만 21세기의 두 제국으로 불리는 미국과 중국이 최초로 맞붙은 전쟁이었습니다. 2차 세계대전 이후 국제질서는 이 전쟁을 계기로 서방과 공산 진영으로 확실하게 나뉘면서 냉전체제가 고착됩니다. 냉전체제도 해체된 지 30여 년이 지났지만, 한반도는 안타깝게도 냉전의 외딴섬으로 남아 있습니다.

한국전쟁은 남북 사회에 지대한 영향을 미쳤고, 지금도 그 영향이 적지 않습니다. 남북 모두 권력 세력이 분단을 정치적으로 이용하는 일이 대표적이죠.

🔍 #북한군이_남침 #김일성 #스탈린 #마오쩌둥 #19500625 #인천상륙작전 #정전협정 #분단

한반도 비핵화
우리가 함께 가야 할 평화의 길

북한의 핵 개발 문제는 1990년대부터 30년째 풀리지 않고 있는 국제 현안입니다. 중동의 이스라엘-팔레스타인 갈등처럼 '고질병'이 되어가고 있어요. 북한은 왜 이렇게 핵 개발에 집착할까요?

북한 핵 개발 역사는 미국, 한국의 움직임과 함께 살펴볼 필요가 있습니다. 냉전의 긴장이 강화되던 1958년, 미국은 새로운 무기 배치를 금지하는 정전협정을 어기고 한국에 전술핵무기를 들여왔어요. 박정희 대통령이 1970년대 핵 개발을 시도하려다 그만둔 일도 있었죠. 북한도 핵 개발을 위해 1960년대 소련의 지원으로 평안북도 영변에 원자력연구소를 설치했어요. 이어 1985년 영변에 원자로를 가동합니다.

1980년대 말 소련과 동유럽 사회주의 체제가 무너진 데에 이어, 1992년 중국·소련이 한국과 국교를 맺게 됩니다. 그동안 사회주의 국가들의 지원으로 버텨오다 고립 상태에 빠진 북한은 핵 개발을 본격화합니다. 핵 개발을 지렛대로 미국으로부터 체제 안전을 보장받고 관계정상화를 이루려는 의도였다고 해요. 물론 여의찮으면 핵무기 개발을 지속할 생각이었겠지요.

　북한은 미국과 협상을 벌여 1994년 10월 핵 개발을 동결하는 조건으로 북미 관계를 정상화하는 내용의 '제네바 합의'를 끌어 냈어요. 하지만 이후 6자회담과 북·미 고위급 협상, 두 차례 북·미 정상회담을 하고도 미국과의 적대관계 청산에는 실패합니다. 외교를 통한 체제 안전 보장이 성과를 거두지 못하자 북한은 핵 보유의 길로 나아가게 됐다고 볼 수 있죠. 북한은 2006년 1차 핵실험 이후 2017년까지 모두 6차례 핵실험을 진행했으며, 대륙간 탄도미사일ICBM 등 발사체 개발에 몰두하고 있습니다.

　1991년 냉전 해체 분위기 속에서 미국이 소련과 '전략무기감축협정START'에 합의하면서 한국에서 핵무기를 철수했어요. 하지만 한반도 긴장이 고조될 때마다 미국은 전략핵 잠수함이나 전략 폭격기를 한반도 주변에 배치했습니다.

　이런 사정을 감안하면 북한의 핵 포기와 함께 한반도 주변의 핵무기 배치도 중단되어야 '한반도 비핵화'가 달성될 수 있습니다. 그러기 위해서는 북·미 적대관계가 해소되고 동북아시아 긴장도 완화되어야 해요.

　Q　#전술핵무기 #북한_원자력연구소 #원자로 #국교 #6자회담 #북미정상회담 #전략무기감축협정

항공모함

산전 수전 공중전
지구 대다수 지격을 타격할 힘

톰 크루즈가 주연한 영화 〈탑건〉을 본 사람 있나요? 영화 제목 '탑건top gun'은 적군 전투기와의 근접 전투에서 최고 역량을 지닌 전투기 조종사를 가리킵니다. 전투기이니 공군 소속일 것 같지만, 뜻밖에도 해군 소속이에요. 해군에 소속된 항공모함航空母艦·Aircraft Carrier에서 전투기를 띄워 공중전을 벌이는 경우가 많거든요.

항공모함은 항공기(함재기)를 싣고 다니는 거대한 군함이죠. 얼마나 거대한지 1993년에 취역한 미 해군 7함대 소속 조지 워싱턴호를 살펴볼까요? 일본 요코스카 항구가 근거지(모항)인 조지 워싱턴호는 길이 360m, 너비 92m, 높이 81m에 최대 6,250명의 승무원을 태울 수 있다고 합니다. 갑판 면적만 축구장 3개를 합친 넓이라고 해요. 격납고에는 모두 120대의 항공기가 들어간대요. 6,000명이 생활해야 하니 쇼핑센터, 헬스장, 식당 등 거의 모든 생활편의 시설을 갖추고 있고요. 바다 위에 떠 있는 작은 도시인 셈이에요. 동력은 배 안에 설치한 원자로에서 나와요. 원자로에 한 번 연료를 넣으면 20년간 연료 주입 없이 항해할 수 있다고 합니다. 항공모함은 항모를 호위하고 항공대의 작전을 지휘하는 기동함대와 함께 움직여요. 구축함과 잠수함, 이들을 지원하는 군수지원함 등으로 구성되는데 이를 항모전단이라고 합니다.

최초의 항공모함은 제1차 세계대전 당시 영국군이 경순양함에 항공기 이착륙용 갑판을 설치한 HMS 퓨리어스였어요. 설계부터 항공모함을 목적으로 만든 일본의 호쇼鳳翔가 1922년 취역했어요. 일본은 1941년 12월 항공모함 6척을 동원해 미국 하와이 진주만 기지를 기습하며 태평양전쟁에 돌입합니다. 이에 자극받은 미국도 항공모함을 집중적으로 만들어 미드웨이 해전 등에서 일본을 압도합니다.

항공모함을 보유하게 되면 바다를 통해 세계 거의 모든 지역에서 군사작전을 펼칠 수 있어요. 그만큼 군사 전략적 가치가 매우 큽니다. 적 본토에 가까운 섬을 점령한 것과 마찬가지의 효과가 있는 것이죠. 하지만 건조와 운용에 천문학적인 비용이 드는만큼 항공모함을 소유한 국가도 미국, 러시아, 중국, 영국, 프랑스, 인도 등 10여 개국에 불과합니다.

#해군 #군함 #공중전 #격납고 #바다_위의_도시 #항모전단 #태평양전쟁 #군사작전 #효용

핵무기
절대반지 사수
파멸로 가는 환상

상대성이론으로 유명한 과학자 알베르트 아인슈타인은 1939년, 동료이자 제자인 실라르드 레오와 함께 프랭클린 루스벨트 미국 대통령 앞으로 편지를 보냈습니다. 아인슈타인과 레오는 독일 나치 지배를 피해 미국으로 이주해 온 물리학자였어요.

편지는 핵을 활용해 엄청난 파괴력을 지닌 새로운 폭탄 개발이 성공을 눈앞에 두고 있으며, 독일의 나치가 앞서가고 있으니 대응해야 한다는 내용이었어요. '새로운 폭탄'이 곧 핵폭탄이었던 것이죠.

핵무기는 핵 물질인 우라늄이나 플루토늄을 활용해 핵분열 시 발생하는 에너지를 이용한 원자폭탄, 핵융합 때의 에너지를 쓰는 수소폭탄을 가리킵니다. 폭발할 때 수백만 도나 되는 열이 발생하고, 위력이 재래식 무기의 수천 배 이상이고 사용할 경우 수십만 명을 살상할 수 있어요. 그래서 핵무기를 대량살상무기 WMD라고도 불러요. 게다가 폭발 이후 발생하는 고농도의 방사성

물질에 피폭被暴될 경우 암과 백혈병 등 치명적인 질병에 걸릴 수 있어요. 원자력발전소가 폭발한 일본 후쿠시마 지역에서 갑상선 암 환자가 늘어난 것도 마찬가지로 방사성 물질에 피폭되었기 때문입니다.

미국은 1942년 핵무기 개발계획인 '맨해튼 프로젝트'에 착수해 '리틀보이Little Boy'와 '팻맨Fat Man'이라는 이름의 원자폭탄을 만들었어요. 1945년 8월 일본 히로시마와 나가사키에 투하된 이 폭탄으로 수십만 명이 그 자리에서 숨졌습니다. 핵무기는 인류를 파멸시킬 만한 위력을 갖는 무기라는 점에서 영화 〈반지의 제왕〉에 나오는 '절대반지'에 비유되곤 해요. 기를 쓰고 핵을 보유하려는 나라들이 많은 것도 절대반지를 가지려는 쟁탈전과 흡사하죠?

아인슈타인은 히로시마 원폭(원자폭탄)으로 인한 참상을 접한 뒤 핵 개발을 권고한 일을 후회했다고 합니다. 그는 1950년 방송 연설에서 "핵무장을 통해 안보를 확립하겠다는 생각은 파멸적인 환상"이라고 말했어요. 하지만 인류가 아인슈타인의 충고를 새겨듣고 있는지는 의문입니다.

Q #새로운_폭탄 #아인슈타인 #원자폭탄 #수소폭탄 #대량살상무기 #피폭 #절대반지 #쟁탈전

핵확산
인류의 멸망을 앞당기는
차가운 미소

핵무기에 대해 좀 더 알아볼게요. 앞에서 살펴본 것처럼 핵 개발 경쟁으로 핵보유국이 늘어났고, 핵무기 재료와 기술이 다른 나라로 퍼져나가기도 했어요. 이런 현상을 핵확산Nuclear proliferation이라고 합니다.

미국에 이어 소련이 1949년 핵실험에 성공했고, 3년 뒤인 1952년에는 영국이 독자적으로 핵을 개발하는 데 성공합니다. 이어 프랑스가 1960년, 중국이 1964년 핵 개발에 성공하죠. 이스라엘은 프랑스의 도움을 받아 1967년 개발에 성공하게 됩니다.

핵을 보유한 나라들은 공격용이 아니라 적국으로부터 핵무기 공격을 받지 않기 위해 핵무장이 필요하다는 논리를 펴곤 해요. 이를 가리키는 용어가 '핵 억지력Nuclear deterrent'입니다. 특히 미국과 소련은 상대국을 향해 핵탄두가 실린 미사일을 대량으로 배치했어요. 하지만 핵전쟁을 벌이는 것은 인류의 멸망을 가져오는 만큼 '공포의 균형balance of terror'이 이뤄졌어요.

핵 경쟁이 전개되면서 국제 평화가 위협받는다는 인식이 커졌어요. 특히 1962년 미국과 소련이 서로를 향해 핵미사일을 발사하기 직전까지 간 '쿠바 위기' 이후 국제사회는 심각한 위기의식을 느낍니다. '제네바 합의'에서도 잠깐 살펴봤지만 1968년 더는 핵무기를 만들지 말고, 이미 만들어진 핵무기를 축소하며, 핵을 평화적으로 이용하자는 내용의 핵확산금지조약NPT이 만들어졌죠.

하지만 핵확산금지조약 이후에도 핵 개발을 시도하거나, 무기 개발에 성공한 나라들이 나타났어요. NPT에 가입하지 않은 인도와 파키스탄이에요. 인도는 1974년 핵보유국이 됐습니다. 인도의 핵실험 이름은 '웃는 부처'였다고 합니다. 실험이 성공하자 인디라 간디 총리에게 "부처님이 마침내 미소를 지었습니다"라는 메시지가 전해졌다고 해요.

인도와 앙숙인 파키스탄은 미국의 묵인 아래 핵을 개발해왔고, 1998년 인도의 두 번째 핵실험 직후 공개 핵실험을 실시해요. 남아프리카공화국도 핵 개발에 성공했지만, 국제사회의 압력이 커지자 1993년 핵을 폐기했어요.

Q　#핵_보유국이_늘어나 #핵무장 #핵_억지력 #공포의_균형 #인류의_멸망 #국제_평화_위협

099

햇볕정책
따스한 햇살로 긴장을 녹여요

고대 그리스 사람 아이소포스가 지은 「이솝 우화寓話」에 '북풍과 태양' 이야기가 있어요. 북풍과 태양이 나그네의 외투 벗기기 시합을 벌여요. 북풍이 바람을 힘껏 일으켜 옷을 벗기려 했지만, 그럴수록 나그네가 옷을 꼭 붙잡고 버티느라 실패합니다. 다음 차례가 된 태양이 햇볕을 내리쬐었어요. 날씨가 따뜻해지자 나그네는 외투를 벗어젖혔습니다.

1998년 취임한 김대중 대통령은 이 우화에서 힌트를 얻어 햇볕정책sunshine policy을 추진했어요. 공식 명칭은 대북화해협력정책인데 포용 정책이라고도 했지요. 북한에 대해 실시한 강경정책은 한반도 긴장만 더 키워왔다는 반성을 바탕으로 한 정책이에요.

그전 정부는 북한에 강경정책을 써왔지만, 북한을 변화시킬수 없었어요. 그럴수록 북한은 군비를 증강하며 '강 대 강'으로 맞섰습니다. 북한의 태도는 외투가 벗겨질까 봐 기를 쓰는 나그네와 닮은꼴이었어요.

김대중 대통령은 북한과 화해·협력을 추구해 한반도에 평화를 정착시키면서 북한이 자연스럽게 개혁·개방의 길로 나올 수 있는 정책을 선택했어요. 대신 북한이 무력도발을 하지 못하도록 안보태세를 튼튼히 하는 것을 잊지 않았어요. 김대중 정부 동안 서해에서 두 차례 남북 충돌이 벌어졌는데, 정부는 단호하게 대처했어요.

대북정책 기조가 크게 바뀌면서 남북 간 교류 협력이 많이 늘어납니다. 금강산 관광과 개성공단 조성, 이산가족 상봉, 대북 지원 사업 등이 추진되었어요. 남북의 경제협력이 정치 정세에 좌우되지 않도록 하는 '정경분리政經分離' 원칙도 세웠어요.

햇볕정책은 한반도 정세를 평화적으로 안정시키는 데에 크게 기여했습니다. 북한도 호응하면서 2000년 사상 첫 남북정상회담이 성사되었어요.

햇볕정책에도 불구하고 북한이 핵 개발을 지속해왔다는 비판도 있긴 해요. 하지만 북한의 핵 개발은 남북만의 문제가 아니라 미국과도 연계되어 있어 단순하게 판단하기 어려운 면이 있어요. 어찌됐건 한반도가 점점 더 핵 위협에 노출되고 있는 것은 안타까운 일입니다.

#대북화해협력정책 #포용_정책 #화해와_협력 #개혁_개방의_길 #남북정상회담 #김대중_대통령

100

헤이트 스피치
차별, 증오, 혐오의 말
나를 비추는 거울입니다

일본에서 우익 시위대가 재일코리안이나 한국을 향해 거친 말을 내뱉는 장면을 본 적이 있나요? 필자는 일본에 있을 때 이런 시위대를 취재한 적이 있어요. 한국을 '바퀴벌레'라고 조롱하거나, '조선인들을 다 죽여라'는 글이 쓰인 팻말을 들고 입에 담지 못할 욕설을 퍼붓는 그들을 보니 섬뜩한 느낌이 들었어요. 일본을 잠깐 여행하거나 몇 년 머물다 귀국하는 게 아니라 일본에서 계속 살아야 할 재일 동포들이 느끼는 공포감은 몇 배 더하겠죠.

이런 시위대가 내뱉는 거친 발언을 '헤이트 스피치hate speech'라고 해요. 증오·혐오 발언이라는 뜻이에요. 여성, 성소수자, 이주민, 장애인 등 사회적 약자들이 공격 대상이 되는 경우가 많아요. 유엔은 혐오 표현을 '차별이나 적대감 혹은 폭력을 선동할 수 있고 민족적, 인종적, 종교적인 증오를 높이는 말'이라고 정의했어요. 역사적으로 보면 1930년대 아돌프 히틀러의 나치당이 장악한 독일에서 유대인을 향한 증오 발언이 극심했어요. 결국 유대인 수백만 명을 학살하는 홀로코스트로 이어집니다.

일본에서는 한국과 사이가 나빠지기 시작한 2010년대 들어 한국과 재일 동포들을 상대로 한 헤이트 스피치가 사회문제로 떠올랐어요. 한국에 대한 비방·중상으로 가득한 '혐한嫌韓' 서적이나 잡지들이 서점 진열대를 채운 것도 그 무렵이었어요. 헤이트 스피치가 얼마나 극심했던지 혐한 시위를 몸으로 부딪쳐 막는 '카운터스'라는 일본인 활동단체가 나타날 정도였어요.

상황이 심각해지자 일본 내에서도 자정 움직임이 나타났습니다. 2019년 많은 재일코리안이 살고 있는 일본 수도권의 가와사키[川崎]의 시의회가 헤이트 스피치를 처벌할 수 있는 조례를 만들었어요. 앞서 일본 정부가 2016년 '헤이트 스피치 방지법'을 제정했지만 처벌 규정이 없었거든요. 그에 비하면 실효성을 높인 것이지요.

그런데 헤이트 스피치가 다른 나라만의 문제일까요? 한국에서도 자신과 생각이 다른 사람을 '빨갱이'라고 몰아붙이거나 특정 지역 출신자, 여성과 성소수자, 이주민들을 혐오하는 발언이 여전히 난무하고 있으니까요. 내가 평소에 쓰는 언어가 '헤이트 스피치'가 아닌지 돌아볼 필요가 있어요.

Q   #일본 #우익_시위대 #재일코리안 #한국인 #공포감_조성 #혐오 #증오 #혐한_시위 #방지법

101

후쿠시마
지금도 방사능 물질 때문에 고향으로 돌아가지 못한 사람들

뉴스에서 '후쿠시마 원전 사고'를 들어본 적이 있을 거예요. 후쿠시마福島현은 도쿄를 비롯한 일본 수도권의 바로 북쪽에 위치한 현으로 경기도와 인천, 서울을 합한 정도의 크기예요. 현은 광역자치단체로 한국의 시·도와 같습니다.

2011년 3월 11일 일본 태평양 쪽 앞바다에서 규모 9.0의 초대형 지진과 최고 높이 18m에 이르는 거대한 쓰나미로 2만 명이 바다에 휩쓸려 숨지는 엄청난 재해가 발생했습니다.

후쿠시마 해안에는 1970년대 지어진 원자력 발전소가 있었어요. 원자로가 10개나 되니 꽤 규모가 큰 단지입니다. 이 발전소가 쓰나미에 침수되면서 냉각수 공급장치가 끊겼고, 이로 인해 원자로가 폭발하면서 방사능(방사성물질)이 대규모로 외부로 유출되는 최악의 참사가 벌어졌어요. 사고로 방출된 방사능의 양이 2차 세계대전 때 히로시마에 떨어진 원자폭탄의 168배라고 해요. 방사능은 많이 쐬면 암에 걸릴 수 있는 매우 위험한 물질이에요.

원자력 발전의 원리를 조금 알아볼까요. 화력발전은 석탄이나 석유로 물을 끓여 증기를 만들고, 그 증기로 발전기를 돌려 전기를 만들어내요. 반면 원자력 발전은 우라늄이 핵분열할 때 발생하는 열로 물을 증기로 만들어요. 핵분열은 한번 시작하면 스위치를 끄듯 간단히 멈출 수 없어요. 원자로가 멈춘 뒤에도 한동안 열이 발생하니 핵연료를 찬물에 담가 식혀줘야 해요.

그런데 후쿠시마 원전에서는 전기가 끊겨 찬물 공급이 중단되자 핵연료봉이 섭씨 2,000~3,000도로 뜨거워졌고, 그 열로 원자로 안의 수증기가 분해되면서 수소가 꽉 찼어요. 이 수소가 폭발하면서 원자로 건물이 파손되었고, 어마어마한 양의 방사능이 공기 중으로 퍼졌습니다.

원전 근처에 살던 주민들은 방사성 물질을 피해 피난을 가야 했어요. 사고가 난 지 11년이 지난 뒤에도 귀향하지 못한 주민이 많습니다. 방사능은 독성이 수십 년간 지속되기 때문이죠. 후쿠시마 원전에서 만들어진 전기는 송전탑을 통해 도쿄와 수도권으로 보내져요. 수도권 주민들의 안락한 생활을 떠받치느라 후쿠시마 주민들의 삶은 엉망이 되어버린 것입니다.

#태평양 #지진 #쓰나미 #재해 #원자력_발전소 #원자로 #침수 #폭발 #유출 #참사 #방사능

101
평화